지구의 유언장

지구의 유언장

홍영수 지음

자연과
인 문

시인의 말

거울 앞에 설 때가 있다.
옷차림의 외형을 보는 게 아니라
거울에 비친 내면의 나를 보기 위해서다.
말도 없고, 소리도 없다.
좌우가 바뀐 거울 속에서
내 모습을 비춰본다는 것
나 속의 너와
너 속의 나를 발견하는 일이다.
그 언어의 거울에서
늘 새로운 시어의 옷을 입고 싶었다.

목차

시인의 말 ·· 5

1부 · 인간적이지 않다

플라스틱의 독백 ······································ 12
택배 상자 ··· 13
인간적이지 않다 ······································ 14
빙하의 눈물 ··· 15
지구의 유언장 ·· 16
H2O의 이혼 ··· 17
도시의 해일 ··· 18
땅의 존재 ··· 19
두 바퀴로 가는 낙타 ································ 20
수의를 입은 강 ·· 22
느리게 걷자 ··· 24
진주珍珠의 이력서 ··································· 25

2부 · 해인海印의 항해

해인海印의 항해 ······································· 29
성주사지 터 ··· 30
달마산 도솔암 ··· 31
반가사유상 ·· 32
백제의 미소 ··· 33
선림원지를 가다 ······································ 34

3부 · 헤테로토피아로서의 DMZ

남도 가락 ································ 37
신답리 고분 ······························ 38
종로에 핀 녹두꽃 ························ 40
허난설헌································ 42
무성서원武城書院 ························ 44
성주산 숲길 ······························ 45
헤테로토피아로서의 DMZ ················ 46
운림산방································ 47
재인폭포································ 48
나는 누구일까 ···························· 49
한복의 선線 ······························ 50
초간정草澗亭에서 ······················· 52

4부 · 수직의 삶

독서의 노를 저어요 ······················ 55
더하기 빼기 ······························ 56
목소리의 은유 ···························· 57
숫자의 비극 ······························ 58
수직의 삶 ································ 59
그리 보지는 말자 ························ 60
노을빛 시간 ······························ 61
내가 없다 ································ 62
아무도 몰랐을 것이다 ···················· 63

둘이 아닌, …………………………………… 64
낮추니 ……………………………………… 65
그렇게 ……………………………………… 66
인연 ………………………………………… 67
고사머리 …………………………………… 68
장터 풍경 …………………………………… 69

5부 · 어찌할까나

경로敬老의 섬 …………………………… 73
할머니의 봄날 …………………………… 74
어찌할까나 ………………………………… 75
당신의 빈자리 …………………………… 76
부부 찌개 ………………………………… 78
뒷방지기 …………………………………… 80
엄마의 비가悲歌 ………………………… 81
요양원의 새 ……………………………… 82
아버지의 가을 …………………………… 83
이삭의 등불 ……………………………… 84
아버지의 품 ……………………………… 85
큰 여울, 그녀 …………………………… 86
컵라면 속 중년 ………………………… 87
이순耳順의 파도 ………………………… 88
유능한 영혼 ……………………………… 89
사랑하는 이여! ………………………… 90

6부 · 통로가 되고 싶은

경계를 지우다 ··· 95
하얀 언어 ·· 96
통로가 되고 싶은 ··· 97
민초民草들의 삶·· 98
참 편하다 ·· 99
저문다는 것 ·· 100
시인이여·· 101
풍경風磬 ·· 102
한 톨의 신비 ·· 103
삼강체三江體로 쓴 외상장부 ···································· 104
시의 밭 ··· 105
도시 풍경 ··· 106
정년 퇴임 ··· 107
존재의 빛 ··· 108
하늘길을 날다 ··· 109
별이 지다 ··· 110

홍영수 시집해설 ··· 113

1부 인간적이지 않다

플라스틱의 독백

난, 너무 가벼워 값싼 인생이지
그들의 욕망을 가득 채워줄 때는 축복이지만
용도폐기 되어 쓸모없을 땐 저주가 되는 거야.
길거리와 쓰레기통에 버려지고 바다에 떠돌며
잡것들과 맨살 맨몸 버무려 통정하듯 어울리지.
시간의 켜가 쌓이면 다른 친구들은 흔적을 감추는데
가벼운 알몸과 딱딱한 관절의 나는 빛바래 가며
죽은 듯 살아서 가루와 알갱이로 떠돌아다니지.
그런 나를 호흡한 은빛 아가미들은
휘청 비틀 하얀 뱃살을 뒤집어 둥둥 띄우고
만장의 깃발처럼 나부끼며 저승길로 가더군
난, 미안한 마음에 스스로 절망에 중독되어 가면서
무한한 삶의 기회를 준 누군가를 생각해 보았지.
모양과 성별 구별 없이 낳아 내팽개친 자들 말이야.
돌고 돌아 숙명처럼 그들의 뱃속에 안기었지
왜 그런지 시간이 흐를수록 그들은,
두려움과 아픈 포만감의 나락으로 빠져들더군.
이젠, 잔인한 공포의 효도를 해야 할 운명인가 봐.
변치 않고 죽지 않게 태어나
부패도 썩지도 않은 내가 말이야.

택배 상자

난, 입이 없다. 입이 없는 내가
입 닫고 있는 현관 앞에 덩그러니 놓여 있다.
숨 쉴 수 있는 틈새마저 닫혀있어 별다른 표정이 없다.
반듯하고 각진 네모의 자세로만 나를 드러내고 있을 뿐
내 삶의 유통기한은 짧으면 짧을수록 좋다.
삐그덕, 약속 시간이 된 듯 현관문이 열리고
누군가의 손에 들려 방으로 들어갔다.
잠시 후, 육면체인 내 비밀의 공간이 해체되면서
곱게 싼 한 덩이의 욕망이 세상 밖으로 나온 순간
내 몸뚱이는 산산조각 난 채 버려졌다.
말이 없어 알 수 없는 존재를 품에 안고
겉살에 적힌 지정된 신호를 따라왔을 뿐인데
왜, 찢기고, 뜯기고, 짓밟히면서 버려질까.
안에 든 삶은 욕구의 충만이고
밖에 난 삶은 버림의 퇴물일까.
포장으로 쓰였을 뿐, 포장된 인격은 아닌데
안과 밖, 알맹이와 껍데기의 차이일까, 차별일까.
짧은 만남이었지만, 누군가에게 어떤 무엇이 되어
내가 보내진 그곳에서 나다움으로 쓰였기에
비록, 분리수거함에 버려지는 상처의 쪼가리일지라도
난, 처연한 기쁨으로 윤회할 것이다.

인간적이지 않다

분리수거함 한쪽, 폐지가 쌓여있다.
찢기고 구겨진 다양한 책들과 수험서들이
쓰임에서 쓰임을 잃은 채 널브러져 누워있다.
그림책의 소꿉놀이는 어린이의 입학을 축하하고
펄펄 끓는 요리책의 냄비는 식탁의 입맛이 궁금하다.
학기가 바뀐 참고서는 성적을 걱정하면서
답안지를 훑으며 정답을 체크한다.
급수에 따라 다른 난이도의 수험서들은
합격의 소식을 기다리면서
밑줄의 상처를 책갈피에 끼고 기도하고 있다.
비바람에 젖은 시집은 죽은 은유를 껴안고
바람서리에 동화책 속 어린이는 독감으로 기침한다.
철학은 주민의 발걸음에 짓밟힌 지혜를 아파하고
냉대와 홀대를 오가는 지식과 교양들이
칼날에 찢길 미래를 안고 있다.
아, 너무 인간적이지 않다.
난, 인간적이지 않은 인간을 넘어서려고
지우지 않는 연민과 관심으로
허리 구부려 버려진 활자를 다문다문 줍는다

빙하의 눈물

긴 시간 요람에 잠든 빙하가 서둘러 깨어나고 있다.
곤한 잠을 깨우는 건 새벽닭의 홰치는 소리가 아니라
얼음 구들장을 달구는 탄소의 장작불이다.
23.5도 기울어진 아궁이에 함부로 군불을 지피면서
불목을 넘어가며 동면하는 방구들의 심장을 데운다.
단 한 번도 강탈당하지 않았던 순백의 긴 잠에서
서서히 기지개를 켜며 커다란 하품을 한다.
억겁 세월 누웠던 해빙의 관절이 통증을 느끼면서
흰 이부자리 털며 눈시울을 적실 때
건너편 삼이웃 설산들도 덩달아 눈물 바람을 한다.
쉼 없이 쑤셔 넣은 소비라는 잡동사니들
저들의 불쏘시개로 화상을 입은 해안의 긴 한숨에
대지의 발걸음은 심한 어질머리에 흔들린다.
화석 장작개비의 풀무질에 냉혈의 피가 들끓으면서
숲의 허파도 구멍이 뚫리고 폐는 가래를 뱉는다
우리의 지금이 저들의 눈물 속 과거를 기억하고
저들의 과거가 깨어나 지금의 눈물로 흘러내릴 때
섬은 설 수 없는 섬이 되고 뭍은 저들의 눈물에 잠긴다.
가늠할 수 없는 어두운 앞날의 곡두에서
재앙의 늪과 파멸의 길을 채찍질하는 소비의 혁명에
지구의 걱정이 뻥뻥 뚫리며 현란한 몰락으로 후끈거린다.

지구의 유언장

삐딱하게 기울어진 내 몸은 바이러스들의 안식처다.
난 지금 악성종양에 시달리고 있다.
온몸이 뜨겁게 달아올라 체온의 한계치를 넘어섰고
불량한 세균들의 감염으로 앓아누운 지 오래다.
팔십억 기생충들의 분별없는 불쏘시개 난동으로
푸르고 둥근 낯빛이 피부병과 상처를 입고 있다.
평생, 삐딱할지언정 안정된 자세로 돌고 도는 내가
언제부터 몸 자체가 병 덩이가 되어 돌고 있다.
전문의가 없어 골골한 병듦으로 살아가기에
전이된 말기 암의 종양을 껴안고 휘청이며 돌고 있다.
박테리아들이 뿜어낸 탄소의 입김과
임계점에 다다른 온실가스의 배출에
점점 숨통이 조여지며 질식사 직전이다.
남북극에서 줄줄 흐르는 천만년의 눈물을 보니
몇십억 년 내 삶의 유효기간도 머지않은 듯하고
갈수록 심한 균들의 난동질에 돌연변이가 되어가니
사망선고의 날짜가 눈앞에 어른거린다.
이젠 뜨거운 빛의 펜으로 유언장을 써야 할 때인가 싶다.
그 후로는 영원한 침묵 속 백뱅의 기다림만 있을 뿐,
나의 죽음 앞엔 조문객이 없을 것이다.
너와 내가 함께하는 장례식이기 때문에.

H2O의 이혼

수소와 산소가 만나 결혼한 물은
은빛 지느러미들의 반짝이는 축하를 받고
물결치는 데로 흘러가며 살았다.
빗살무늬의 아가미들이
산소를 쉼 없이 삼시 세끼 마시며 살던 어느 날
심장이 멈추는 듯, 가쁜 숨을 몰아쉬었다.
청천벽력 같은 벽에 강이 막혀 고인 봇물이 되니
서서히 덧칠한 녹 빛 물에는
숨 쉴 수 없는 물고기들이 입을 벙긋벙긋하면서
녹조라테가 아닌 평소 마시던 물을 달라고 한다.
그 곁에는 매끈한 붕어와 피라미가 피부병에 걸렸고
옹기종기 떼 지어 사는 크고 작은 이웃들은
배가 뒤집혀 아가미와 지느러미의 움직임이 없다.
햇빛에 더욱 짙어진 녹조라테는 H2O를 이혼케 하고
갈라서며 헐떡거리는 물의 들숨과 날숨 호흡으로
녹색 수의를 걸치고 수면 위에 떠다니는 주검들은
은빛 서체로 만장을 써 놓고 숨이 멈췄다.
저들의 제단 위에
동병상련의 문상객인 삼이웃이 조의를 표했다.

도시의 해일

도시의 바다에 해일이 발생했다.
양쪽에서 부는 태풍의 저기압으로 수면이 상승하면서
두 갈래 해로를 따라 커다란 인파의 물보라가
장소를 넘나들며 거대한 쓰나미로 밀려온다.
색색의 깃발들이 상징 아닌 상징의 물꽃으로 일렁이고
울부짖는 함성의 광장에선 물너울의 불꽃을 터뜨린다.
안전지대의 보루는 관절이 꺾이고
해일의 지킴이인 민중의 방파제마저 무너뜨린다.
엇갈리는 좌우의 지층 속 판들의 부딪침에서
도시의 어부들은 심상치 않은 물때를 직감한다.
난바다의 진앙지에서 몰아치는 가파른 너울과
하얀 메밀꽃 이는 수면을 바라보며
항로가 막혀버린 일상의 도시 어부들은
이물과 고물에 앉아 기약 없는 출항을 기다릴 뿐이다.
방향이 다른 세찬 물살의 몸짓과
길들여지지 않은 야생의 거친 언어들이
도심 해저의 심장 깊숙한 곳까지 스미면서
서로의 고통 속으로 파고들며 고통을 안긴다.

땅의 존재

농부의 눈은 질質이다.
그들은 삽질, 호미질, 쟁기질의 눈으로
땅속 미로에서 알곡과 열매의 길을 발견하고
불흉년에도 천수답과 묵정밭을 파헤쳐 일군다.
절절함으로 올리는 기도의 질은
배워서가 아니라 보고 아는 깨달음에서 오는 질이다.
질의 눈은 캐내고 파내어 가꾸는 것이다.
그것은 보이는 세상을 다른 세상으로 갈아엎는 것이고
잠든 땅을 일깨워 질들의 시선을 바라보게 하는 것이다.
농부의 눈인 농기구의 질로 작물을 가꾸기 위해서는
행할 수 있는 질의 도구를 손에 쥐고 있어야만
질 너머의 새롭고 잘 여문 곡식을 수확할 수 있다.
땅속에 묻힌 진정한 가치의 삶을 파내려고
질의 눈을 뜨고 논밭에 서 있는 자는
논밭에서 쓰러진 적이 있는 농부이다.
쓰러져 본 경험으로 바로 설 수 있는, 농부는
땅의 존재이다.

두 바퀴로 가는 낙타

두 바퀴로 가는 낙타는 짐을 실어야 한다.
낙타의 삶은 황량한 사막과 계약하는 것이다.
짐을 실은 만큼의 숫자가 손에 쥐어지기에
어둑새벽을 주섬주섬 뒤 머리칼에 비녀로 꽂고
굽은 허리의 낙타가 비좁은 쪽문을 밀치고 나간다.

주인 없는 사막에서 갈급함에 물을 찾는다는 것은
새벽보다 먼저 새벽길을 열고
다른 낙타들의 발걸음보다 빨리 앞서나가
밤이 부재하는 시선으로
두리번거려야 폐지의 오아시스를 찾을 수 있다.

세월의 앙금으로 주름진 가녀린 두 주먹을 쥐고
낙타는 스스로 고삐를 움켜쥐고 골목길을 휘돈다.
관심 밖의 그녀가 관심 밖으로 버려진 것들을 줍는다.
번지 없는 폐지들의 구겨진 소리들이 걸어 나와
노파의 휜 등에 차곡차곡 쌓인다
자신을 잊기 위해서가 아니라 자신을 찾기 위해
스스로 몰이꾼이 되어 두 바큇살을 굴린다.

재생산될 수 없는 그가 재활용센터에 서 있다.
폐지의 대가로 몇 닢의 지폐를 손에 쥔다
과부하의 등짐을 져 본 자만이,
막다른 골목길을 가 보는 자만이,
체중 부하의 두 바큇살에서 들리는
외로운 낙타의 울음소리를 들을 수 있다.

수의를 입은 강

아가미의 호흡이 멈춘 물고기들
물 녘에 죽음의 향연이다
혈관 막힌 강줄기
녹색으로 물든 눈꺼풀 없는 두 눈
자유형의 동작을 잃고서
주검의 배영으로 물 위에 누워있다.

녹조의 수의를 입은 강
댐을 봉분 삼아 저승으로 간 물고기 떼
흐물흐물한 사체엔 느물느물한 쉬파리 떼
하품하듯 멈춰버린 민물조개 곁에
몇 알의 모래는 빛을 잃고 묵념 중이다.
어쩌다 끊긴, 천고의 물길
무젖은 달빛이 녹색 향을 피운다.

떼죽음 된 수면의 어류 전시장
아무런 잘못 없다는 듯
창자를 내밀며 죽음의 기도를 한다
어부의 손길에 터진 부레가 부풀기를
철새의 날갯짓에 지느러미가 파닥거리기를
봄비의 어루만짐에 산란의 축복이 내리기를

흘러야 할 흐름이 흐르지 않아
잿빛에서 초록으로 변해가며
녹조의 암세포가 전이된, 강은
말기 암이다.

느리게 걷자

숲은 여전히 그대로이다
쌓인 낙엽과 무성한 나뭇잎들
그러나 정적 속에서도 느리디느린 변화가 있다.
쉬엄쉬엄 지나가는 흰 구름의 발자국과
가만가만 숨 쉬는 작은 생명들의 움직임들
숲을 숲이게 하는 것은 느리게 변화하는 것들이다.
고사목과 갓 자란 어린나무가 사라지고 자라나는 것은
때를 알고 서서히 변해가는 존재의 순환이고
느리게 걷는 자에게 속삭이는 귓속말이다.
온갖 생명들이 떠나고 만나는 숲의 평온함은
서두르지 않는 것들의 경건함이고 순수함이다.
각자의 모양과 뭇 향기로 가득한 숲, 그 숲 속의
생명과 초목이 둘이 아니고, 하나이듯
숲길을 느리게 걷는 자의 마음과 현상도 둘이 아니다.
사람의 숲에서는 잣대의 가늠이 옭아매지만
숲의 숲에서는 어떤 잣대에도 구속됨이 없다.
느리게 걸으면서 나를 잊고 놓아 버릴 때
푸른 숲의 낯빛은 희망의 날갯짓으로 부화한다.
솔방울은 청설모가 움켜쥘 때 의미가 있듯이
벌거벗은 나체의 언어로
느릿느릿 읊조리며 숲길을 걸을 때
숲은 또 하나의 세계로 다가온다.

진주珍珠의 이력서

두 입술을 닫는다
썰물 때 불어오는 뭍의 바람결도
밀려오는 밀물 때의 바닷물 어루만짐에도
입술은 닫고 있어야 한다.
갯바닥에 나뒹굴며 도道 한 알 키우기 위해
층층의 세월로 쌓은 조개의 등딱지는
물의 고랑과 이랑으로 단단히 주름져 가야 한다.
내 안의 또 다른 나를 키우기 위해
또 다른 세계를 내 안에 품기 위해
해신들의 기도 소리에도
개펄을 뒤집어 놓은 개울음에도
껍질은 벌릴 수 없고 흡반을 내밀 수 없다.
앙다문 외투막도 열지 않고
몸속에 품은 짜디짠 눈물을 삼키며
몇천 번 죽살이의 물굽이를 돌아 나온다.
지진과 해일을 데려온 포세이돈을 만나도
갯바닥에 박히고 뒹굴지언정
함부로 인사를 할 수 없는 숙명
은밀한 방에서 키워내는 하나의 세상
그의 이력은 동글반짝하다.

2부　해인海印의 항해

해인海印의 항해

그 무엇도 분별할 수 없는 해무 속 바다를 항해한다.
곳곳의 해협에서 세찬 풍랑이 불어오니
해인海印으로 떠나는 바닷길의 노질이 유난히 힘들다.
눈보라 치는 파도 물머리엔 깨달음이 차갑게 놀치고
메밀꽃 이는 난바다의 멀기엔 진리의 물보라가 일어난다.
고뇌의 물너울이 어두운 망망대해에서 출렁거릴 때
잔잔한 수면을 향해 삼매의 돛을 올리고 노를 젓는다.
키 큰 바람이 자세를 낮추고 번뇌의 파도가 숨을 고른다.
파도를 가르며 저어가는 노가 파도 끝에 얹혀있고
노를 젓게 하는 파도는 노와 하나가 되어 고요하다.
한 점 파도가 없는 바다 위에 한마음으로 눈을 뜨니
해름참 수평선 가녘의 끝자락에서
보이지 않던 잠잠한 세계가 점점 가까이 온다.
텅 빈 내가 바다의 물결에 비친다.
참스러운 닻을 심연의 바닥에 내리고
순수의 존재가 되어 내가 없어지니
꿈꾸는 듯 다가오는 참나의 불빛이
화엄의 세계를 비춘다.

성주사지 터

드넓은 평지사찰의 빈터
부처의 그림자를 깔고 앉은 금당 터엔
가사 장삼의 독경 소리가
만다라의 불립문자로 낙조에 깔려 타오르고
다섯 계단에 감춰진 염화미소는 오르락내리락.
벽공碧空은 머리에 이고 천년 세월은 등에 지고
여왕의 음성 곱게사 여민 낭혜화상탑비에
외로운 구름 한 점, 곱디고운 글 향기에
건달바 슬몃 찾아 안긴다.
성주산 그리메가 가만히 내려오고
적막이 적요를 사루어 깔고 앉을 무렵
스님의 목탁 소리, 허공에 매달려 있는 듯
허리를 구부린 적 없는 석탑들이
탐욕의 허리끈을 풀고 자세를 다잡는다.
숲 속의 새 울음에 염불을 듣는 듯한 석물들은
벌떡 일어나 귀를 쫑긋 세우고
비문의 글자들이 등불 되어 탑돌이를 할 때
속세의 고통받는 중생들, 옴마니 반메훔
처마 끝 풍경風磬은 바람 끝에 소리를 매달고
흔적 없는 한 울림의 새벽 범종은
신라인 발걸음을 기억하며
구산선문 기억의 종소리를 풀어놓는다.

달마산 도솔암

이곳에 와서는 묵언의 수행자가 아니면
한 걸음도 나아갈 수 없다.
암자를 둘러싼 바위는 말이 없다, 말이 없으니
고요가 귀를 씻는다고 생각하는 것은 잘못이다
바위 틈새를 매운 돌멩이에 귀 기울여본다
울력했던 보살들 땀방울 떨어지는 소리
한 칸의 절간, 스님의 염불 소리
처마 끝 풍경風磬이 주워 모아 소리 꽃을 피운다.
처마와 닿을 듯한 늠연한 고목 한 그루
낡삭은 절집을 안고 소리 없이 툭 던지는 이파리 하나
의상대사의 화두가 되어 불전 앞에 털썩 주저앉는다.
말 없는 달마산의 바위너설에서
오묘한 진리 한 자락 휘감지 못했지만
암자를 에워싼 바위 결에 흐르는
노승의 목탁 소리에 몽매한 귀 확 뜨이며
맥맥한 속내를 확 트이게 한다.
침묵이 숨죽이며 침묵을 하는 도솔암
미망의 중생에게 내리친 무언의 죽비 소리에
죄업 한 알 한 알 꺼내 놓고
보리심으로 도솔천을 그려본다.

반가사유상

상념에 잠긴 반가좌인, 그대가
사유하는 게 아니라
주름 잡힌 깨달음의 옷자락이 나를 사유케 하고
뜨는 듯, 감는 듯한 눈,
그 눈에 담긴 중생의 고뇌가 아닌
손끝이 닿은 뺨의 표정이 나를 고뇌케 한다.
서 있는 것도 앉는 것도 아닌
서 있으면서 앉아 있는 사이와 경계에서
입술에 걸친 침묵이 나를 명상케 하고
엷은 미소에 일렁이는 고해의 파도와
탐욕 속 생사윤회를 고민하는 모습에서
으늑히 피어오른 붓다를 본다.
웃는 듯, 아니 웃는 듯
해탈의 부처가 아닌 깨달음을 구하는
고요 속 은은한 미소는
열반을 걸친 고뇌의 모습인지
고통을 벗은 열반의 흔적인지
의문에 의문을 머금은 오묘한 표정과
생로병사를 껴안은 허리의 끝자락에서
살아감이 고해의 바다임을 읽는다.
저 실존의 형상 앞에서.

백제의 미소
−서산마애삼존불

어느 석공의 혼의 흔적일까
얼로서 쪼아 다듬어
곧추선 암벽에 번지르고서
하고픈 말
하마 미소로 던지는 것일까.

뒤 울리는 바람살에도
일천오백의 귀를 열어
서해 개펄의 조갯살 찌우는 소리 들으며
다소곳한 수인手印과 자비의 입시울로
바위인 듯 바위처럼 서 있는 백제의 혼

사위어가는 세월 속
해와 달빛에 젖어
한 움큼의 은은한 미소로
창공을 이고 중생을 바라보는
침묵의 미소, 어느 깨달음이
저보다 더 깊을까.

선림원지를 가다

미천골 쌀뜨물의 물길 따라 그곳을 가고 싶다
소외된 욕망이 숲길 따라 찾아들고
잠시 찾아든 세속과의 이별이 숨 고르는 곳
끓어오른 오욕이 식어가고
솟구치는 칠정이 멈추어서
사리처럼 빛나며 장엄한 염불을 하는 곳
천년의 숨소리가 석등 귀꽃의 꽃봉오리에 맺힐 때
날아든 각다귀판의 온갖 소음들이
금당터 앞에서는 허리 구부려 자세를 낮추는 곳.
공양간 발우공양에 담긴 감사의 기도와
수도승의 독경 소리가 숲의 새벽잠을 깨우는 곳
3층 탑의 이끼엔 탑돌이의 발걸음 소리가 끼어있고
석등의 심지엔 법열의 불꽃이 타오르는 곳
내가 나의 모습으로 텅 빈 절터를 바라보면
사방을 둘러봐도 보살도 법당도 보이질 않는 곳
내가 아닌 내가 되어 바라보니 붓다가 보이는 그곳.

3부 헤테로토피아로서의 DMZ

남도 가락

목포 앞바다 선창, 텁텁한 탁배기 한 사발에
대나무 젓가락으로 양푼을 두들기는 한 사내
옹근목의 남도 소리 한 소절이
하구언 물둑 위를 옹골차게 넘나들며
삼학도의 비릿비릿한 풍경을
꺾는 목으로 구슬리며 불러제끼니
갓바위는 갓을 다잡으며 너름새를 부리고
수족관의 달보드레한 세발낙지는
눙치는 가락을 빨아들이며 추임새를 넣는다.
보릿닢의 홍어 애탕이 코를 쿡쿡 쩔 때
개미가 쏠쏠한 날개 살 한 점은
진양조로 지린내를 따북따북 빗는다.
덤벙덤벙 메치는 훌림목에
까치놀에 물든 다순구미의 째보 선창이
막걸리의 헤벌심한 허튼가락에 취해
민어 부레처럼 부풀어 뱃머리에서 흔들릴 때
뒷개 뻘바탕의 게들도 비틀걸음에 신바람이다.
모지락스런 개땅쇠의 뚝보들도
시김새 붙은 훌림목의 해조음을 마시며
남도가락은 그늘 있는 맛과 멋에 취한다.

신답리 고분

일천오백의 세월이 묻혀 있다
무관심을 머리에 이고 땅속 깊이 드러누운
말 무덤이라 불리며 외면받는 그곳에
고구려의 영혼이 잠들어 있다는 것을
아는지는 불과 얼마 전 일이다.
논밭을 일구는 쟁기질에
탈골된 그들의 사지와 이목구비가 갈아엎어지고
긴 시간의 아랫도리를 한탄강에 씻기면서
망각의 기억 속에 검은 돌을 베고 누워 있다.
무너지고, 깨트려지고 흩어질 때마다
지하에서 깨어난 석물들은 한탄하지 않으면서
두 개의 고분을 둥근 세월의 포대기로 감싸고 있다.

강물은 긴 역사의 그림자를 안고 흐르고
고분은 지금껏 옛 강변의 갈대를 추억하지만
그곳을 기억하는 사람은 없다.
잊고 잊히며 살아온 지 오랜 세월
지금은 까맣게 잠든 석실이 깨어나고
담장과 축대에서 뛰쳐나온 고분의 석재들이
지난날과 오늘의 틈바구니에 서 있다.
그 사이에 층층의 역사는 또 하나의 층을 더하고
큰 여울도 흘림체의 서사를 쓰면서 흐르고 있다.

*신답리고분 : 연천군 전곡읍 신답리의 고구려 고분(古墳)

종로에 핀 녹두꽃

바람이 분다
하늘에서 인간에게 불어온다.
종로 네거리 상투 머리가
영혼이 흔들린 고부 농민에게
목청껏 울부짖으며
죽창과 농기구 들고 올라오란다

전옥서典獄署의 컴컴한 적굴에서
교수형으로 쏟았던 붉은 피로
동학의 바람을 휘어잡고
깊게 새겨야 할 역사의 서사를
종로 바닥에 일필휘지로 쓰며
서 있는 지금의 자리를 똑바로 보란다.

서울 한복판, 저 부릅뜬 두 눈은
탐욕의 부피를 부러워하지 말고
허상의 명예를 의심하라 하면서
비록 기울어진 운동장일지언정
우금치의 말발굽 소리로 일깨우란다.

함성의 바람이 분다
황토현 갑오의 바람으로 분다
주절주절 내리는 을미의 봄비에
사라지면서도 피어난 녹두 꽃잎
하늘하늘 길 위에 휘날린다.

허난설헌

난의 향기여, 하얀 서설이여!
빈 종이에 눈물, 핏물 자국을 남기고
숨죽였던 차별의 시대, 아픈 성별의 상처를 안고
어찌타! 스물일곱의 짧디짧은 불꽃으로 사라졌는가.
여자의 말은 스치는 바람결에 흩날려 보냈던 때
치마의 허리춤에 시심을 띠로 두르고
저고리 옷고름엔 한 올 한 올의 시상을 동여매었지
시의 씨앗은 반도의 텃밭이 너무 좁아
드넓고 커다란 대륙으로 날아가 발아했고
단장의 고통과 슬픔을 두 번 겪으면서도
참척의 쓰린 아픔은 가슴에 심어 두고
좌표 잃어 다스리지 못한 심사엔 눈물 없이 울었지.

성의 차별과 다름으로 이목구비를 지우고
귀 닫고 입 닫은 정지된 시간 위에
반딧불이가 되어 찾아든 두 영혼이
붓끝에 깃든 넋이 되어 시의 호롱불을 밝혔지.
받침대를 잃어버린 흔들리는 삶에서도
겨울날의 눈보다 늦게 지고
낙화 된 두 송이의 고독한 결함을 이겨내며
봄날의 꽃보다 먼저 피었지
못다 할 정은 뜨거운 앙가슴에 접어놓고
여인의 이름이 아닌, 시인의 숨결이 되어
천상의 붓끝에 흩날리는
두 개의 꽃잎 소리를 들었지

무성서원 武城書院

발걸음도 스스로 속도를 늦추고
눈동자는 저절로 아래를 향한다.
차마 어찌 숙연함 없이 고개 들어 올려볼 수 있겠는가.
고운孤雲의 정신 한 자락은 학림學林을 휘감고
은행나무 우듬지에 맺힌 예악의 문향은
현가루 우물마루에서 용솟음친다.
내장산을 꿰차고 호흡한 유생들이
동, 서재에서 토해내며 꽃 피운 성리학은
강당의 온돌과 마루판 사이로 베어 들고
용마루에 내려앉은 갓 맑은 면암의 정신 한 방울은
호남 의병의 첫 이슬이 되어
홑처마 드림새 끝에서 윤슬처럼 반짝인다.
저 늠연한 천년세월, 무성의 혼은
풀뿌리 민초들을 깨우는 메아리로 울리며
생을 적멸의 가넘으로 옮겨놓고
시대를 아파하는
영혼의 말 없는 무욕을 하염없이 바라보니
바라보는 자의 우러름이 서원의 대문에 걸린다.
사우에 남긴 소리 없는 발걸음은
이제 저 넓은 세상으로 향한다.

성주산 숲길

차령산맥이 곱게 빗은 숲길을 걸으며
숲의 깊은 숨소리를 듣는다
달짝지근한 숲 향이 코끝을 스친다.
탐욕의 찌든 때를 화장골 개울물에 씻어내며
'숲'에서 ㅅ과 ㅍ의 이파리와
'길'에서 ㄱ과 ㄹ의 길을 떼어낸다.
그리고 'ㅜ'와 'ㅣ'의 모음마저 흩날려 보낸다.
순간, 숲과 길이 사라지고
아홉 굽이를 넘나드는 명지바람은
기암괴석을 휘어잡고 일필휘지로 산자락을 가른다.
다디단 전나무 숲 내음이 귓불에 매달리고
음표를 주렁주렁 매단 산새 소리가 눈에 들려온다.
마음을 잃고 몸을 놓는다.
흔적 없이 허공을 나는 새처럼
숲은 나를 잊고 내가 숲이 되어
발자국 없는 발로 내가 걸어간다.
풍경이 명수明水에 떴다 잠기며 또 다른 풍경이 되듯
녹슬고 곰팡이 핀 내 영혼은
심원동 계곡물에 씻기며 새로운 내가 된다.
삶의 거친 바람이 도려낸 상처의 깊은 곳을
더듬어 찾는 내 모습, 이곳에서
참나로 거듭난다.

헤테로토피아로서의 DMZ

이곳은 현실의 이상향이 실현되는 공간이다.
이념이라는 칼날에 두 동강을 내면서
너와 내가 등지고 돌아서며 남겨진 분단의 땅
입 다문 언어가 반올림하지 못한 채 생략되고
숨소리마저 숨죽인 호흡의 동토 지역이다.
드나듦마저 드나들지 않아 오감이 소멸한 사각지대
선뜻 들어갈 수도, 다가설 수도 없지만
총성과 화약의 검은 그림자가 가꾼 비밀의 정원이고
사람 없는 사람의 미래가 조용히 꿈꾸는 곳이다.
시간이 멈춘 듯 흐르고, 갈라지고 단절되었지만
동식물들이 더불어 살아가는 생태공원, 이곳은
현실 속 현실의 해방구이고 안식처인 헤테로토피아다.
미끄러지고 좌절된 욕망들이 발산하는 곳이며
짓눌리고 억압된 삶의 감각 덩어리들이
현실의 이상향으로 편집되는 곳이다.
닫혀있으면서도 열린, 질서가 뒤집힌 역설의 이소성
내가 사는 또 다른 현재의 헤테로토피아, DMZ.

운림산방

운무에 자오록이 덮인
첨찰산 그리메에 포근히 안기어
묵향으로 피어난 남화의 텃자리
배롱나무 우듬지에 맺힌 묵신墨神의 얼은
연못 물비늘에 나울나울하고
발묵한 연잎 위에 진도아리랑 가락이 번져갈 때
갈필의 붓끝은 비수처럼 번듯번듯하다.

대를 이어온 화풍의 맥은
구름의 숲속에 맥맥이 흐르고
동다송을 꼴마리에 차고 온 초의艸衣와
세한도를 허리춤에 동여맨 추사秋史의 혼이
아슴찮게 들명날명하는 운림각
이곳에 들어서면
비운 가슴은 화선지가 되고
한 올의 머리카락은 붓이 된다.

먹 가는 소리가
사천리 바람살에 뒤울리며
진도의 뼛속에 골수로 맺힐 때
남종화는 회화의 주옥편이 된다.

재인폭포

맑고 흰 수직의 함성으로 낙하하는
물기둥의 내리꽂음을 견디는 가마소,
온전한 자세로 받아 감싸 안는 것은
넉넉한 포용의 또 다른 이름인가.

억겁 세월의 시끄러운 물줄기의 소음을
천상의 소리로 듣고 있는 주상절리,
올곧게 낮춘 자의 도저한 품격은
오롯이 귀만 기울이고 말없이 서 있는 것인가.

검은 절망 같은 현무암의 틈새 사이로
작은 물 알갱이들이 휘날리며 피우는 방울꽃,
밝은 희망이란, 방울꽃이
직벽의 허리춤에 오색 무지개를 피워내는 것인가.

솟구치는 용암의 뜨거운 숨 덩이를
소롯이 껴안은 지장봉 산날망의 티 없는 순수,
그렇게 시비도 없는 열린 마음의 재인ㅈㅅ은
텅 비운 자의 꽉 찬 안음인가.

나는 누구일까

늘 푸른 동해에
오도카니 서 있는 나는, 나는 누구일까.

어쭙잖게 나의 위치를 밝히려는 자 누구인가?
태초에 두 발로 서서
억수 풍진의 세월을 안고
외출 한 번 하지 않는 나를, 나를
외도시키려는 자 누구인가?
지금도 같은 핏줄의 형제가 살아가며
천만년 고유의 혈액형으로 사는 나를, 나를
유전자 변이시키려는 자 누구인가?
강치의 울음이 사라진 뒤에도
여전히 독섬, 돌섬으로
몸 한 번 허락하지 않는 나를, 나를
대나무 섬으로 부르려는 자 누구인가?
한반도의 품에 안기어 백두대간의 젖을 빨며
마칼바람을 바위너설에 두르고
한 눈 한 번 팔지 않는 나를, 나를
낯선 족보에 옮기려는 자 누구인가?

울릉군 독도리
더 이상 무엇이 필요한가?

한복의 선線

선이 소리가 된다.
동정은 메기고 깃이 받을 때
앞도련은 겨드랑이 밑으로 숨어들어
진양조장단이 되고
배래선은 너름새를 하며 곡조가 되어
선으로 창을 한다.

하늘을 나는 듯 신명 난 저고리
곁마기와 끝동은 춤을 추고
삼회장의 사뿐사뿐한 소리에
두 옷고름은 빗장고름의 엇박자로
음표를 드레드레 매달고
앞섶과 치마 사이에서 아니리를 하니
삼작노리개가 얼쑤 하며 한바탕 추임새를 한다.

쪽빛에 살짝 피어오른 외씨버선
상큼하게 들린 버선코와
신코가 마음 자락 비집고 들어와
선의 무리로 만나서 병창할 때
한 가락 선의 언어는 소리가 되어 흐른다

있는 듯 없는 듯 꿰비치는 주머니
얼비친 분홍빛 속치마가 수줍어하는 사이
선의 얼개로 짠 치마저고리의 시김새 선들이
눈대목이 되어가면서
선線은 명창이 된다.

초간정 草澗亭 에서

낮추자, 더는 낮출 수 없을 때까지
공손함 없이 어찌 들어설 수 있겠는가
고개를 숙여야 우러러볼 수 있는 곳
기왓골에 흘러내린 초간의 문장이
댓돌 위로 똑, 똑, 똑 떨어질 때
계자난간에 스친 솔바람을 데려온, 붓끝은
대청마루 바닥에 일필휘지로 가른다.
운필의 묵향에 함뿍 젖은 문맥들이
구멍 뚫린 시대를 꿰매면서
흐트러진 정신의 매무새를 다잡으며
맑은 금곡천 물고기 비늘에서 반짝인다.
용문산 숲 향을 온몸에 휘두른, 원림園林은
비질한 마당에 내려앉는 달빛 몇 장에
풀 내음 물 내음 다문다문 주워 모아
문자 향으로 사르면서
기스락에 물든 노을 한 잔 마신다.
석조헌夕釣軒에 들어선 초간은
나울치는 물녘에서
대동大東의 은빛 혼을 낚고 있다.

4부 수직의 삶

독서의 노를 저어요

바다의 표면은 얕은 호흡으로 잔잔해요.
내면의 수심엔 깨어나지 못한 의식이 고요하고요.
활자를 실은 낯선 배가 다가와
어제와 다른 풍랑의 그물을 가슴팍에 던져요.
언어의 작살은
그물망 속 어둠과 무지의 심장을 꿰뚫고요.
단어의 삿대는 파도를 떼미는 상징이 되어
얄따란 생각의 조직망을 밧줄로 얽혀줘요.
문장의 뉘누리에 휩쓸린
넋 잃은 생각과 행간의 의미는
물머리를 헤쳐가며 항해하고요.
마룻줄에 매달린 글자의 닻을 내리면
사유의 파편들이 해저를 자맥질하다 떠올라요.
지적 갈망이 이물과 고물에 해일처럼 밀려올 때는
망망대해로 독서의 노를 저어가요.
돛을 높이 올리고 해적선의 수부가 되어
활자의 그물에 걸린 사유의 보물들을 노략질하고요.
저자와 독자의 두 물굽이에서는
설익은 항해일지에 밑줄 그으며
난반사로 비추는 물음표의 빛살을 잡아당겨
의문의 해수면에 느낌표로 적바림한답니다.

더하기 빼기

몇 번을 빚어야 어둠의 낯빛이 밝아질 수 있을까
얼마를 다듬어야 타인의 시선을 동냥할 수 있을까
몸뚱어리 이곳저곳을 허물고 메워서
교정부호로 피어오른 외모의 흔적들은
볼거리의 장식이요 영혼 없는 굴종의 상처다
깎아내고 덧붙이며 차이를 가르지 말고
네 안의 자신으로 돌아가자
넌, 너만의 심혼을 네 안에 가지고 있다.
도려내고 부풀려서 개성 또한 지우지 말자
비스름한 형상의 공주이고 왕자가 되어
시선들을 구걸하는 윈도우 속 마네킹이 되지 말자
넌 이미 곱게 피어난 한 떨기 꽃잎이고
너의 정원엔 너만의 향기로 가득하다.
자의식을 속인 우월감으로 우쭐대지 말자
과장된 오류의 겉모습일 뿐이다.
외양이 주목받고 내면이 소외된 시대
그 자리엔 네가 없고 가식이 자리한다.
가식의 자리에는 본래의 내가 없다.
영혼을 잃은 덧셈과 뺄셈의 모양 가꾸기로
참나를 없애는 셈법은
나 없는 나를 만들고
나를 만들어 나 아닌 나를 꾸밀 뿐이다.

목소리의 은유

어머니의 목소리는
시의 씨앗이 싹트고 꽃을 피우는 밭이다.
목소리의 고랑과 이랑은 시어가 심어진 메모장이며
곰삭힌 두엄의 텃밭에서 자라난 한 톨의 은유다.
뽑고 캐내어 다듬어 쓸 수 있는 단어들의 밭이고
심연에 가라앉은 시상을 퍼 올리는 생각의 마중물이다.
설익은 언어의 물결을 농익게 하는 물비늘이고
몇십 년 된 일기장을 뒤적이는 기억의 서재이다.
수시로 읽어야 할 문장들이 꽂혀있는 책장이고
어떤 책도 아니면서 그 어떤 참고서이다.
어느 곳에도 없으면서 어느 곳에서든 글감이 되어
가뭄 든 펜을 적셔주는 상상력의 샘물이다.
소곤대는 음성은 쓰고 또 쓰라는 메아리고
먼지 낀 채 잠든 노트를 깨우는 커다란 울림이다.
지금도 내 안에 커다란 부재로 존재하면서
생무지인 시의 밭에서 자란 자음과 모음들을
뒤집고 갈아엎어 맴놀이의 시로 공명케 한다.
어머니의 목소리는
내 시의 근원이고 씨눈이다.
지금도 나는 굶주림의 시밭 한 가운데 서 있다.

숫자의 비극

숫자를 세지 말자.
자아는 너를 새김질할 든든한 위장이 없고
욕망의 너를 채워야 할 큰 호주머니가 없다.
채우고도 오히려 부족한 무한의 욕심으로
치장하듯 온몸, 온 마음에 너를 휘두르고 껴안지만
뒷마당의 헛배 부른 속 빈 장독이고
무한 숫자의 옷을 걸친 가장무도회는
실컷 부푼 공갈빵이고 한낱 날탕의 춤일 뿐이다.
사랑의 셈법까지 숫자로 환산하는 현실 앞에
너의 노예가 되어 숨죽이며 사는 것 보다
스스로 주인이 되어 맘껏 숨 쉬는 게 좋고
가식을 꼭 쥐고 떠세하는 것 보다
참나의 손을 쫙 펴고 자유 하는 삶이 좋다.
빈약한 너로 인해 잠 못 이룰 때는
가슴앓이하며 밤을 지새울 때도 있지만
네가 영혼의 구원자가 될 수 없다는 것을 알기에
비록 가난이 가난을 비난할지라도
치수 맞지 않은 겉치레의 옷을 벗을 수밖에
너에 대한 의식을 지우니 빈부의 의식도 사라지고
욕망 가득한 너의 가위눌림에서 화들짝 깨어나니
옥죄인 멍에가 벗겨지면서 본래의 나가 보인다.
네가 없어도 누릴 수 있는 자유, 그것은
숫자가 아닌 무한 행복이다.

수직의 삶

높이를 알 수 없는 절벽에서
흔들리는 줄 하나에서 중심을 잡으며
이승과 저승의 이음줄에 매달려 줄타기한다.
아슬아슬한 삶이 떨어질 듯 위태롭다.
허공의 몸으로 지상의 양식을 구하고
몸속에 흐르는 삶을 챙겨야 하기에
버팀목인 줄을 자신의 몸에서 꺼내야 한다.
간당간당한 달비계에 앉아 씁쓸한 허공을 마시고
생명 줄의 갈피에 짙은 고독의 삶이 흔들릴 때
마주하는 직벽을 한 계단 한층 내려간다.
층층의 벽과 두터운 세월의 켜를 닦는 것은
생존신고서에 서약하는 것이다.
절벽의 벽을 마주하면 모든 것이 벽이 된다.
생사의 경계에 선 절체절명의 순간에도
시난고난한 절벽 같은 시간들이 벽에 흐를 때는
흔들리는 긴 줄이 허영 없는 빛으로 번뜩인다.
제 몸에 꼬인 줄을 휘감고
끊어질 듯 한 정신 줄을 간신히 붙잡고서
수직과 수평의 길을 걸어본 사람은
굶주린 영혼의 양식을 구할 수 있다.

그리 보지는 말자

바쁜 발걸음 앞에
여명마저 멈칫거린 새벽
눈 비비며 옷매무새 다잡는 농부에게
동정의 곁눈질은 하지 말자
등 뒤에 햇귀를 짊어지고
어깨엔 가족을 둘러매고
논밭틀길을 걷는 걸음걸이의 무게를 보고
함부로 저울의 눈금을 떠올리지 말자
남루한 차림새와 생기 없는 표정
묵묵히 갈 곳을 향한 몸짓을 보고
가련한 눈으로 톺아보지는 말자
가족을 위해 일터로 나가
주어진 일에 몰두하고 있는
시커멓게 그을린 얼굴을 보고
괜한 신분의 차이를 떠 올리지 말자.
얼굴을 보면 표정이 보이듯
그리 보이면 그리 보이듯
모든 걸 그리 볼 수 있겠으나
그냥 해야 할 일들에 대해
최선을 다하고 있는 것이니
꼭 그리 보지는 말자.

노을빛 시간

노을빛에 한 뼘 한 걸음씩
이울어가는 저문 삶이 걷고 있다
수평선 끝자락에 매달린 해조음을 듣고
해독할 수 없는 파도의 문장을 넘기면서
돋보기 너머로 까치놀의 문맥을 훑어본다.
어른거린 눈은 놀 빛 글자를 읽을 수 없다.
농익은 침묵으로 망각의 시간을 반추하고
지나온 긴 시간의 발자국을 돌아보며
평생의 파도 소리에 귀를 기울인다.
가루진 노을 속 고뇌에 찬 오후의 생이
황혼빛 속으로 가뭇없이 흔적을 지우고 있다.
토혈한 저녁놀을 헐거운 소맷자락에 걸치고
몇 방울 남은 젊음을 삼키면서
해변을 쓸쓸히 걷는 늙마의 머리 위로
철새들이 羽羽羽 날며 고향으로 되돌아간다.
한 오라기 해거름 길 위를
닳고 닳은 저녁놀 비켜 신고
하늘과 땅 사이
밟고 밟다 남은 이승의 길을 걷고 있다.

내가 없다

그 어떤 형상에도 집착하지 않으니
생각이 생각 속으로 숨어들고
풍경이 풍경 속으로 사라진다.
아집이 떠난 자리에 환한 빛이 번뜩이고
무엇 하나 걸치지 않고
티끌의 욕심마저 날려 버리니
텅 비었다, 하늘이
티 없이 맑다, 마음이
언어마저도 언어 밖으로 내 던지면서
가름을 가르고 치우침을 치우니
중심이 사라지고 주변도 자취를 감춘다.
몸과 마음에 걸친 헛껍데기의 상像과
눈에 비치는 현상들은 자신의 마음이 빚는 것이다.
그 무엇에도 집착하지 않으니 스스로 깨어나고
먹구름 사이로 비추는 한 줄기 빛처럼
구속되고 얽매이지 않은 자유로운 햇빛이 된다.
욕망이 욕망하는 것을 멈추고 분별지를 제거하니
눈앞의 모든 것들이 사라지며
깨어난 마음이 쨍한 시냇물처럼 맑고 맑다.

아무도 몰랐을 것이다

아무도 몰랐을 것이다
부르튼 피부의 대들보를 안고 누웠다가
아흔 굽잇길을 돌아 검은 그림자가 되었다는 것을,
누구의 관심과 눈길 없이
이승의 삶을 해체하고 돌아올 수 없는 길을 떠난
오두막 같은 한 여인이 그녀였다는 것을,
늘그막의 모습을 감추기 위해 이목구비를 지우고
헐거운 짐이 무거운 짐이 될까, 걱정하다가
생의 앞편으로 이어갈 끈을 놓아버렸다는 것을,
베갯잇 적시는 몇 방울의 고독을 삼키면서
사립문 여는 소리는 차마 닫지 못하고
검은 천사에 둘러싸인 주검이 그녀였다는 것을,
이젠, 휑한 방 안의 공기마저 납작 엎드린 곳에
그동안 방치된 자투리의 삶이 압류된 채
다문 입에 못다 한 말들이 시체처럼 붙어있는
초점 잃은 눈동자의 여체가 그녀였다는 것을,
그녀가 켜 놓은 촛불에는 빛이 있었으나
꺼진 뒤의 촛농 속에는 그녀가 있었다는 것을,
떠나기 전에는 혼자였던 그녀가
떠난 뒤에는 누군가의 전부였다는 것을,
깨물어 아픈 손가락들은 몰랐을 것이다.

둘이 아닌,

너와 내가 없다면
네 것과 내 것도 없으니
이 세상은 미움도 사랑도 없을 것이고
너와 내가 둘이 아니면
어떤 누구와 어느 신神과도 하나이니
살아감에 시기도 질투도 없을 것이다.
가는 마음 멈추고 가진 생각 버리면
눈앞의 모든 것들이 사라질 것이고
삶과 죽음은 호흡 한 번 하는 순간일 뿐이니
욕망에 집착할 이유도 없을 것이다.
생은 걸어 다니는 그림자에 불과하니
내가 있다는 아상我相을 버리고
공空의 세계에서 내가 없음을 찾아
스스로 깨어나야 할 것이다.

낮추니

담을 낮추니
갇힌 세상이 슬금슬금 나가고
열린 세상이 살금살금 다가온다.
보이지 않는 밖의 풍경이 보이고
내 안의 풍경이 밖에서 보인다.
자세를 낮추니
작고 낮은 것들이 눈망울에 맺히고
크고 높은 것들이 눈 밖에 매달린다.
차별을 지우니 편견이 없고
다름을 건너니 시비가 없다.
내 안의 울타리를 밀치고
마음의 문을 여니
내 안에 네가 들어오고
네 안에 내가 들어간다.

그렇게

살아간다는 것이 끝자락을 향해 가는 것이고
그 길의 마지막엔 돌아올 수 없는 절벽이 있다면
밤낮 없는 걱정과 고뇌에 찬 한탄만 할 수 있겠는가.
하늘을 날며 날갯짓하는 새들, 그들이 멈추는 곳이
죽지를 접고 누워야 할 땅 위라면
흔들리는 우듬지 끝자락에서 노래만 부를 수 있겠는가.
슬픔에 울지 말고 비탄에 젖지 말고
더 이상 갈 수 없고 날 수 없을지라도
함께 어울려 노래하는 삶이 좋지 않겠는가.
그렇게 노래하자고
활짝 귀를 열고 들어주는 이 없더라도.
그렇게 걸어가 가 보자고
함께 걸으며 얘기할 수 있는 사람이 없더라도.
그렇게 웃어 보자고
커다란 입 벌리고 웃는 이 없더라도.
그렇게 어울리자고
손에 손을 잡고 춤추는 동무가 없더라도.
살아감은 영원하지 않고
오직, 바쁘디 바쁜 발걸음만 있을 뿐이기에.

인연

이른 출근 시간
아침을 거르고 사무실 가까운 곳에서 빵을 먹는데
삼키는 목구멍에서 밀 한 톨 넘어가는 것을 느꼈다.
아니, 밀을 발효시키면 빵이 될 수 있다는 것을 알았다.
점심시간, 국수를 먹었다.
국물 속 국수의 면에서 밀밭의 밀을 떠올렸다.
아니, 밀을 반죽해서 밀대로 얇게 밀어 자르면
가느다란 면발이 된다는 것을 알았다.
한겨울, 맹추위의 퇴근길에 떡볶이를 먹었다.
매콤한 밀떡을 삼킬 때마다
밀알이 미끈미끈 넘어가는 듯했다.
아니, 밀이 밀떡이 되어 어묵과 고추장을 만나니
떡볶이가 되는 것을 보았다.
그렇다. 빵과 국수와 떡볶이에서
밀알이 그 무엇을 만나
밀알이 아닌 다른 무엇이 되는 것을 알았다.
불변의 밀알은 없고
변하는 밀알만 있을 뿐이다.

고사머리

분답스러운 개업 집
죽었는데 죽은 줄 모르고
제단 위에서 웃는 듯, 적당히 입을 벌리고 있다.
자신의 밥값도 계산하지 못하면서
입에 물려준 지폐에 입맛을 다시고
콧구멍에 쑤셔 넣은 화폐에 코쭝배기 벌름거리며
헤벌린 주둥이로 몇 점의 복을 팔면서
죽은 눈을 지그시 뜨고 오도카니 앉아
넙죽넙죽 절을 하는 복 바라기들을 내려다본다.
자기 대가리의 지능지수를 잊은 채
콧구멍, 아가리에 물린 지폐의 양만큼
복덩어리의 크기도 다르다는 듯
살아서는 단 한 번도 웃지 않았는데
돈豚이 돈이 되어 돈을 부르고 있다.
예방접종이 무색할 정도로
돈 앞에 감염력이 뛰어난 자들이
무릎 꿇고 그 앞에 이마를 조아리고 있다.
큰 복을 기원하며 돈 앞에 돈돈 하는 저들 모습에
차마 참지 못하고 태어나 처음으로 돈이 웃고 있다
돈이 돈을 물고
돈이 돈을 꽂고서.

장터 풍경

읍내 오일장
분잡스러운 장터 귀퉁이 붕어빵 집
여기저기서 모여든, 장날만 볼 수 있는 얼굴들
빵 몇 개 놓고 술잔을 기울인다.
빙빙 돌리는 빵틀 속에서
각다분했던 할아버지들의 삶이 불과하게 돌아간다.
일정한 틀 속에서 적당히 돌아가며
구워져 나온 한결같은 붕어빵처럼
결곡한 삶 뒤의 스스로 텅 빈 그림자를 밟으면서
생의 앞 편을 도돌이표로 살았던 그들
눈은 캄캄해지고 머리카락이 훤해지는
또 다른 붕어빵들이 붕어빵을 안주 삼고 있다
어거리풍년의 장날이면 후줄근한 뒷등에
바싹 말린 우케 몇 말 이고 지고
때론, 대학 등록금이 맺힌
금쪽같은 송아지 눈망울에서 희망을 바라보며
꼭두새벽 길을 나섰던 주름진 얼굴들
비록 공맹孔孟은 안 읽었지만, 논밭 지심 메듯
자신의 삶까지 쏙 뽑아 가꾸어 냈던 날을 뒤돌아보며
저릿저릿했던 지난 삶을 육자배기토리로 읊조린다.
오가는 술잔 앞에 드러누운 붕어 몇 마리
가락은 모르지만, 눈을 번쩍 뜨고 입을 벙긋한다.

5부 어찌할까나

경로(敬老)의 섬

황혼 녘, 미세기가 드나들던 시골 경로당
지금은 휑한 바람의 잔물결만이 유리창에 출렁인다.
여기저기, 유모차의 노를 저으며
골목의 해로를 오가던 굽은 등지느러미도 보이지 않고
천장에 매달려 깜박였던 등대는
포말을 일으키는 먼지에 휩싸여 빛을 잃었다.
고샅의 물길 따라 노 젓던 노잡이도 보이지 않고
헛기침에 뼈마디 부딪히는 소리도 끊긴, 경로의 섬은
처마 끝 물머리에서 다음의 파도 소리를 기다린다.
눈보라 치는 어둡고 차가운 밤에는
가끔 들렀던 마을 주민의 발걸음도 와닿지 않고
해풍에 깊게 파인 골주름의 물결도
부스스 흐트러진 머릿결의 물비린내도 자취를 감췄다.
부둣가엔 뭍의 시선은 닻을 내리지 않고 스칠 뿐
치솟는 질병의 뉘누리에 해로마저 끊기면서
난파선처럼 조각난 기억의 조각배만이
이물을 맞비비며 무인도가 되어간다.
늙은 어부의 얇은 숨소리가 떠나버린 경로도는
팬데믹의 폭풍 속에서 일엽편주로 일렁인다.

할머니의 봄날

워따메 뭔놈의 꽃이 저렇게도 허벌나게 피었다냐. 징상스럽게도 피었네잉. 봄이 오기는 왔는갑다. 그나저나 그놈의 일이 워쩌크롬 많은지 꽃구경도 못 간당께. 육남매 키워서 여워 놓고 좀 편할라고항께, 영감 죽어뿔고, 이 큰집에서 혼자 살랑께 껄적지근하네. 객지 나간 자식 생각에 무담시 눈물만 나고. 암도 없는 방에서 혼자 밥먹을랑께 목구멍에 넘어가는둥 마는둥하고, 육시랄 놈의 쥐새끼만 염병하게 찍찍거리구, 아이구 나도 빨리 디져부러야한디 아직은 좀 머시기 하고, 그럭저럭 살다가 쥐도새도 모르게 컥 죽어뿌렸으면 좋겄는디, 그것도 맘대로 안되것지라우. 해는 지고, 오지도 않는 새끼들 혹시나 해서 저 모퉁아리 보고 있는디, 쩌 먼바다 끄트머리에 머한디 뻘간물을 찌크러놓았을까. 지랄하고 자빠졌네. 아이구야 이놈의 내팔자야 그라믄 그랬지. 으째야 쓸까잉. 꼭 나를 본 것 같당께

어찌할까나

얼굴 없는 얼굴이 사립문을 연다.
함께 거닐었던 마당엔 티 없는 발자국 여전한데
자국마다 밟히는 머~언 그리움에
보고파 타는 마음 애간장 끓으면서
돌담 모퉁이에 정정히 서 있는 감나무 앞에
두 손 모아 무릎 꿇고 눈시울을 적십니다.
어찌할까나, 시름겨워 잠 못 든 이 서러움을
아련한 앞마당을 밤바람이 쓸어 가는데
홀로 뜬 외로운 달이 어둡게만 보이고
애타게 보고픈 언저리에 어린 시절 띄워보니
사무치는 모정의 따스한 손길이 온몸을 감쌉니다.
체념하듯 다잡아도 흔들리는 나의 자세
애달픈 정한은 뜰 안에 가득한데
아! 차라리, 차라리 비우고 빈 가슴이어라.
어디에도 없으면서 어느 때고 옆에 계신
수북수북 내 품에 안긴 꿈같은 꿈 한 자락은
가늘 수 없는 망각의 여백을 휘감아 두릅니다.
그리움의 그리움을 한 올 한 올 엮을 때마다
발걸음의 걸음으로 한 발 두 발 오신 어머니
그 이름만큼 서러운 눈물은 없습니다.

당신의 빈자리

냉기를 머금은 침대 하나
하얀 시트 위에 적막함이 누워있다.
깊게 파인 육순의 자국 위에 귀를 기울이니
떠나지 못한 당신의 심장 소리 여전히 들려오는 듯
창문 틈새로 바람을 안고 들어온
차가운 체온이 침대 위에 눕는다.
온기 없는 온기가 따스하다.
숨소리 잃은 베개를 당겨 안으니
한숨에 실린 베갯잇이 긴 한숨을 짓고
메말랐던 눈물 자국이 촉촉한 눈물을 흘린다.
한 생이 저물기 전의 깊이를 알지 못하고
이제야 당신의 고단했던 삶의 한 자락을 휘감으니
따스한 그림자로 가만히 다가와

타오른 그리움의 내 가슴을 감싸준다.
당신은 알고 있을까.
움푹 들어간 베갯속의 허전함을
아직도 세탁하지 않은 침대보에 스민 고단한 숨소리를
곁에 없어 더 사랑하게 되는 이 절절한 모순 앞에
나의 심장에서 잊혀가는 것에 대한 상실감과
당신의 기억 속에 내가 지워지는 두려움을
꽉 찬 공허의 그리움으로
동살 잡히는 새벽녘까지
당신으로 하얗게 지새운 밤이다.

부부 찌개

곰삭은 시골 된장
한 숟갈 푹 떠서 사뿐히 건네면
다정스레 받은 당신
발효된 그 고마움 한 덩이 풀어 넣고
냉동실에서 꺼낸 멸치 몇 개
당신 손에 쥐여 주면
똥 뺀 멸치 빈속에
두터운 믿음으로 꽉 채우고
베란다에서 감자 두 개 가져오면
조심스레 건넨 칼로 껍질 벗기면서
서로의 얄미움도 확 벗겨버리고
버섯 씻다 젖은 손을
일광욕시킨 마른행주로 살며시 닦아주니

미운 정 한 송이
햇살 되어 손등에서 피어오르고
맵고 맵던 시집살이는
청양고추와 함께 툭 끊어
끓는 국물에 슬몃 얹히고
갑작스러운 볼 뽀뽀에 붉어진 낯빛은
고추장에 버무려서
속살처럼 하얀 당신 마음과 함께
두부 넣어 한소끔 끓이고
한두 겹 벗긴 양파의 매끈함에
신혼 때 생각 몇 방울 떨어뜨려
마주 보는 뜨거운 눈빛으로
보글보글 끓인다.

뒷방지기

기쁜 날은, 저무는 노을빛에 물들어 간다.
지는 꽃잎의 곡조는 힘없이 나풀나풀 떨어지고
둥근 빗방울 소리가 납작 엎드려 들려온다.
난, 엷어지는 짙음으로 무르익어 갈 것이다.

생의 깊은 뜻을 온몸에 껴안는 늙마의 그늘 아래
곱새걸음으로 바라보는 수평선 끝자락
노을빛 철새들이 어디론가 날아가고 있다.
난, 접어두었던 지혜의 죽지를 활짝 펼 것이다.

까치놀의 치맛자락이 외로운 섬을 휘감고
짙어져 가는 회상의 침묵으로 반짝거릴 때
희망과 기도의 빛들이 희미해져 가지만
난, 영원한 해안의 언덕 위에 서 있을 것이다.

얼마나 어두운 날들의 끝자락을 붙잡고 헤매었던가.
질척거리며 걷는 시간의 발자취들이 결빙되어 가고
설익은 정열의 씨앗들은 발아하지 못했지만
난, 잘 여문 씨앗의 씨눈으로 뒷방에 서 있을 것이다.

엄마의 비가 悲歌

요양병원으로 모시는 첫날
고속도로를 한 참 달리는데
뒷좌석에서 들릴 듯, 말 듯한 노래가 들렸다.

"한 많은 이 세상 야속한 님아~"
　　　　(……)

누워서 부르는 엄마의 가녀린 곡조였다.
땡볕의 대낮, 차창 밖은
'불효의 비'가 억수 비가 悲歌로 내렸다.

요양원의 새

거칠고 불규칙적인 호흡을 하며
힘없는 날개를 접었다 편다
살랑대는 저승사자 같은 밤바람에
울어예는 새 한 마리
까만 정적 속에 성호를 긋는다.

사위어가는 숨소리와 느린 심장에
황혼의 빛이 검붉게 물들일 때
다소곳이 죽지를 접고
부리를 주억거리며 창가로 향한다.

산그리메 조심스럽게 내려오고
이부자리를 편 숲 속의 요양원에
유리창에 비친 환한 보름달은
왜 웃지 않고 저리 떠 있을까.
왜 저리도 차갑게 침묵할까.

아버지의 가을

벼 이삭들이 나울대는 굼깊은 다랑이논.
논바닥에 엎드린 우렁이처럼
낮은 자세로 논배미의 논이 되어
생의 퇴적층을 경작지에 쌓아 올린 아버지
장딴지 근육의 피돌기로 알알은 여물어 간다.
헤살 부린 가뭄과 태풍이
삽자루 손잡이에 절망으로 잡힐 때도
먹구름이 머금은 습기에 농심을 적시고
건들바람에 수심愁心을 날려 보내면서
메뚜기의 겹 눈망울에 아롱지며
절정의 몸피로 서 있는 벼 이삭을 바라본다.
농주 한 잔의 텁텁한 우정에
눈치 빠른 허수아비가 옷깃 휘날리면
놀란 참새 떼들 미처 앉지 못하고
날갯짓에 낟알 몇 개 떨어질 때
하늬바람에 실려 온 시월의 안부가
굽은 논두렁의 등뼈에 인사한다.
햇볕의 무게에 이삭이 고개를 숙이면
농부는 가벼운 마음으로 볏단을 올려다보고
모처럼 웃는 입가에 나락 몇 섬 걸릴 때
누런 가을 몇 마지기가
쿡쿡 쑤신 아버지의 삭신을 꾹꾹 주물러준다.

이삭의 등불

왜 저리도 밝을까
늙어서도 허름한 집에 등불을 켜고 계신 어머니

어둑새벽, 허리춤에 햇귀를 꿰차고
해 질 녘, 산그리메 신고서 사립문 젖힐 때까지
논밭두렁 일구다 무릎뼈엔 바람구멍이 숭숭하다.

지심맸던 손가락 마디마디엔 옹이가 박혔고
생무지의 들녘에는 손발의 촉수로 더듬질하며
고개 숙여 이삭을 키우다
자신의 허리가 굽어져 이삭이 되었다.

기우는 몸짓의 휘청거린 걸음걸이가
햇빛 알갱이를 슬어놓은 곰삭은 토방에 앉을 때
구십으로 기울어 휘청거린 신체의 각을
지팡이가 꽉 붙잡으며 바로 세운다.

지금도
기역자의 허리에 등불을 매달고
홀몸으로 계신 당신, 허리에
켜놓은 농익은 이삭의 등불을 꼭 안아봅니다.

아버지의 품

아흔 굽이를 휘돌았던 품에 안겼다.
한 자락 외로운 한숨이 가쁘게 굽이쳐 흐른다.
핏빛 세월로 동여맨 허리 꺾이는 소리는
곱써레질 한 천 평의 논밭에 뿌리고
손 발자국의 씨앗들이 발아한 몸짓 언어이다.
뼛속에 나 있는 옹이 진 길을 더듬어 본다.
그 길은 열매를 맺기 위한 고난의 흔적이고
흔적의 가지 끝엔 평생 흘렸던 땀방울이 맺혀있다.
우두둑, 우두둑 공명하는 관절의 울림과
불쑥 튀어나온 늘그막의 휘어진 언어는
차라리 돌올한 한울림의 숭고한 메아리다.
핏기 없는 실핏줄에는 가느다란 시간이 흐른다.
한물간 세월의 무게는 얼마나 될까.
이젠, 끊임없이 일렁였던 구순의 욕망을 잠재우니
평생 붙들어 온 삶이 이리도 가벼울까.
쉼 없이 솟구치는 탐욕을 벗어던지고
이기적인 마음마저 스스로 던져버리신 아버지
지금까지 갇힌 삶이 저리도 자유로울 수 있을까
이제야 아홉 굽이의 굴곡진 삶을 되돌아보니
구순 너머의 보이지 않던 자신이 보이는 듯하다.
쏟고 쏟은 정성으로 쌓아 올린 아흔 굽이의 삶이
내려놓고 놓아 버리니 몇 굽이도 안 되는구나.

큰 여울, 그녀

긴 세월 그녀의 입술은 움직임이 없다.
역사의 굴곡과 분단의 얼개로 흐르면서
갈라져 찢긴 상처와 슬픈 앙금을 물살에 안고
큰 여울, 그녀의 말 없는 비밀이 흐르고 있다.

하 많은 세월 한恨도 탄식도 하지 않고
귀도 버리고, 입도 버리고, 자신마저 버리면서
위 아랫녘의 어우러진 굽고 휜 물굽이를
돌고 돌아 흐르면서 표정마저 지워버렸다.
그녀의 낯빛은 아직도 어둠이다.

소沼를 만나면 잠시 머물고 여울목에선 서두르고
경계를 지운 위아래 물끼리 맨살 버무리며
입 닫은 물살로 한 몸이 되어
더 깊숙한 곳으로 통정하듯 살을 섞고 있다.

물 맑은 얼굴로, 때론 분탕 칠의 붉덩물로
강둑을 벌창하고 길을 물마지게 하면서
낮은 자세로 제 몸 옮겨가는
말 없는 큰 여울, 그녀가
강물의 언어로 평화를 그리며 흐르고 있다.

컵라면 속 중년

둥근 세상 안에서도
구불거리고 꼬부라진 길은 있고
모나지도 티 나지도 않은
무난한 삶 속에도
움츠려 구부린 생은 있다

막막한 삶 속에서
실타래처럼 얽히고설킨 굴곡진 기다림도
뜨거운 순간을 만나
오므린 관절을 풀어
부풀어 오르고 싶은 욕망이 있다.

햇살에 반짝이는 흰 머리카락
낡은 나무 벤치에 앉아
굽은 아픔, 주름진 기억을
한숨 실은 소주병으로 나발을 불며
알코올로 씻어내고 싶은 아픈 생의 오후가 있다

나무젓가락으로 맥 빠진 건더기를 집어 들 때
좀 먹은 이파리 하나 컵으로 툭 떨어지고
절반 남은 종이 술잔에
건너편 신호등의 파란 불을 집어넣고
마른 목젖을 적시고 건너고 싶은 중년이 있다.

이순耳順의 파도

일렁이는 바다
바람을 걸치고 오르내리는 물이랑
저 은빛의 부서진 포말을 보라
바다 생명들의 호흡을 위해
대양의 허파에 산소의 어망을 던져주면서
긴 세월 생명의 심장 소리로 쿵쾅거린다.
비록, 순간 사라지는 생의 가락일지라도
쉼 없이, 욕심 없이
평생 반짝이는 너를 바라보니
세파의 거품을 입에 함뿍 머금고
천년의 욕망으로 찰랑대며
세치의 자로 천 길 물속을 재려 함에
부끄러워 차마 눈을 돌린다.
숨 가쁘게 달려온 이순의 저문 바다에
물결치는 탐욕이 화들짝 깨어난다.
무엇을 남기고 어떤 것을 이뤘는지
중동 꺾인 황혼의 뒷주머니엔
파도의 물거품만이 거품 거린다.

유능한 영혼

시선은 둘 곳을 잃었다.
바싹 마른 감정의 알갱이들이
도심 네거리 신호등 아래 떨어져 뒹굴고 있다.
고립된 영혼과 텅 빈 꿈을 안은 발걸음은
고독의 기호로 횡단보도를 건넌다.
짓눌리고 곰팡이 슨 시선들이 오감五感없이 오간다.
우울한 도시의 껍데기를 휘두르고 걷는 영혼은
뒷골목 그늘진 모서리를 돌아서서
미라 같은 넋이 되어 빌딩 사이를 걷는다.
고통의 앙금이 똬리를 튼 휘청 걸음엔
기름기 빠진 숭숭한 관절이 삐거덕거린다.
길이 있어도 길이 없어 방향 잃은 생 앞에
가로수에 넝마처럼 매달려 흔들리는 정신 줄을
가지 끝 음융한 바람 소리가 매섭게 후려친다.
짊어진 삶의 무게와 껴입은 부피를 벗어던지고
수많은 갈래의 고독을 짓밟고 뛰어넘어
어디로 향하면서도 어디로 가는지 모른다.
초점 잃은 눈동자에 한 줄기 빛이 다가온다.
도시적 삶의 거리를 걸어가는 것은
걷기 위해서가 아니라
스스로를 발견하기 위해서다.

사랑하는 이여

사랑하는 이여!
오늘도 당신의 생각 속에 따스한 영혼을 느낍니다.
내 삶은 늘 보고 싶음이요 기다림입니다.
당신이 곁에 없어도 당신으로 흘러넘치고
내 안에서 당신을, 당신 안에서 나를 발견합니다.
한 잔의 사랑을 마시고 싶어서 빈 잔의 가슴이 되고
그리움에 흘린 눈물자리는 보금자리가 됩니다.

사랑하는 이여!
불타오르는 나의 기쁨은
당신과의 눈맞춤에서 시작되었습니다.
이름 석 자는 지문으로 남아 지워지지 않고
그림자마저도 심장을 뛰게 합니다.
당신의 모든 것은 눈동자에 담겨 있고
눈망울에 맺힌 사랑은 별빛처럼 반짝입니다.

사랑하는 이여!
눈빛으로 당기면 고즈넉이 다가와 맞잡아 준 두 손
부디 붙잡은 손길 거두지 마시고
당신의 품 안에 고이고이 머물게 해주세요.
슬픈 그림자는 내가 휘두르고
그리움의 옷자락엔 비단 빛 수를 놓아
순연한 당신께 살포시 입혀드리겠습니다.

사랑하는 이여!
한밤중에 먹빛 그리움으로 부화한 향기는
이성의 담장을 무너뜨리고 감성으로 피어오릅니다.
새롭게 태어나게 하는 당신의 사랑
설렘이요, 기쁨이요, 말하는 꽃송이입니다.
당신의 꽃송아리에서 나를 발견하는 일은
황홀경에 도취한 나의 절정입니다.

6부 통로가 되고 싶은

경계를 지우다

한강 다리 한가운데
숨구멍처럼 갈라진 틈새에 들꽃들이 자란다.
강변로와 올림픽로를 넘나들지 않고
티끌 먼지 뒤집어쓴 채 남루한 모습으로
더럽혀진 땟자국을 안고 아스팔트 틈바구니에 산다
갈증 난 몸뚱이는 이슬방울로 적시고
얼룩덜룩 멍울진 꽃잎은
햇귀의 손짓에 하늘거리며 웃음 짓는다.
누구의 손길, 눈길 바라지 않는다
연민의 눈짓엔 꽃봉오리를 숙이고
관심의 손짓엔 꽃잎을 접는다.
들꽃의 삶은 얼룩진 웅얼거림이다
각다귀판의 강남, 강북 사이에 낀 존재가 되어
발길에 차이고, 바퀴에 짓밟혀도
절망 없는 희망의 지평선을 바라본다.
나를 바라본 네가 낮춰 나의 웃음꽃을 피우고
너를 향하는 내가 굽혀 너의 꽃눈개비를 내리게 한다.
네 곁에 내가 서서 너를 꼭 보듬어주고
내 앞엔 네가 앉아 나의 손 잡아줄 때
한 줌 향기, 한강을 오가는 길손의 옷깃에 스미며
비좁은 틈새로 서울 하늘이 포개진다.
틈새에 핀 들꽃, 삶의 방식은
경계를 지운 것이다.

하얀 언어

조롱 속은 나의 세계이고 집이다.
철망은 힘찬 날갯짓의 영혼을 가두고
빗장은 푸른 하늘과 숲의 기억을 지운다.
접은 죽지의 웅크린 자세가 나를 더욱 옭아맬 때는
상실하지 않은 울음으로 존재의 깃털을 날린다.
갇힌 시선으로 철망 밖의 트인 세상을 바라본다.
거울을 보듯 누군가가 나를 바라보고 있다.
열린 채 갇힌 듯한 머리 위에 핀 하얀 언어였다.
좁디좁은 세상의 날 수 없는 내가
넓디넓은 세상의 날 수 있는 언어를 만나는 순간
새장 밖의 날개 접은 또 다른 나를 발견했다.
언어의 등은 팔구십의 각으로 굽었고
이끼 낀 듯한 눈동자는 초점이 흐렸다.
마른 노끈처럼 비틀어진 언어의 광대뼈와
푸석푸석한 낯빛과 골 깊은 주름이
저물어 가는 이승의 영혼을 침탈하고 있다.
무엇이 저토록 철망 없는 철망에 빗장을 쳤을까.
부리를 주억거리는 나를 쳐다볼 뿐
시간의 열매를 훔쳐 먹은 언어는,
언어인데 말이 없다.
늙은 언어가 결코 낡은 언어는 아닌데.

통로가 되고 싶은

남과 북 사이에 가로 놓인 나
반도를 가로지르며 한 가운데 서 있다.
훈민정음은 쭈뼛쭈뼛한 철조망의 등뼈를 오르내리고
심장 깊숙한 곳에는 같은 피가 흐르는데
가슴과 가슴 사이에는 내가 있어
오가야 할 언어의 날갯짓은 죽지를 접은 지 오래다.
그리움과 보고 싶음의 틈바구니에
멋쩍은 듯 녹슨 자세로 서 있는 나는 누구일까
서로의 오감이 끊겨버린 사이에 선 두꺼운 벽
그렇게 가로막은 호적의 뿌리를 뽑아버리고
흔적마저 지우고 무너뜨려서 이어주고 싶어
장애물이 아닌 통로가 되고 싶은 거야
뜨거운 심장으로 더불어 살아야 할 너희들이
모질고 모진 세태의 틈새에 나를 세워놓은 거야
마음에서 마음으로 이어지는 세상은 없는 걸까
장애물의 벽이 아닌 희망의 통로가 될 수 없는 걸까
나를 무너뜨릴 수 있는 건 오직 너희들뿐이야.
더불어 걷는 길이 되고 맞잡은 손이 되고 싶다면
함부로 내뱉은 언어와 칼날의 벽을 쌓지 말고
귀를 가리는 장막을 걷어야 해
그날을 빗을 때까지
난 망부석이 되어 서 있을 거야.

민초_民草_들의 삶

비록 험한 세상의 바닥 치는 삶일지라도
낮디낮은 신분이라 흘기는 눈짓일지라도
긴 긴 역사를 떠받드는 하나의 버팀목이고
그 거친 밑바닥을 훑고 핥는 풀뿌리였던 것을

걷어차이고 짓밟히면서도 끈질기게 버티는
민중의 디딤돌이면서 등걸이었고
하루하루의 애옥살이하는 심장은 어둡고 추웠을지라도
대지를 적시는 변두리 사람의 붉은피톨이었던 것.

중심인으로부터 침묵을 강요당할지라도
질긴 생명력은 태풍을 만나면 풀잎을 앉히고
먹구름 밀려오면 뿌리를 세우면서
비에 젖으면 반짝거릴 줄 아는 이슬방울이었던 것을.

거친 무리들에 의해 무너지는 그루터기의 지반을
껴안고 함께 다지며 열매를 맺기 위한, 바쁜
풀뿌리 잡초들의 몸부림이었던 것을
그 몸부림의 상형기호는 민초의 역사였던 것을.

참 편하다

숲속에서 나무들의 얘기를 듣는다.
마음이 흔들리거나 몸이 지칠 때
풀과 나뭇잎의 물결에 나를 띄운다.
초록은 내 마음의 겉옷을 적시고
속삭임은 내 영혼의 속옷에 스민다.
초목의 숨결이 나를 어루만질 때
온몸, 온 마음 모두 내려놓고
새가 되고 숲이 된다.
어디에도 없는 평온이 다가온다.
참 편하다.

저문다는 것

진정한 꽃향기를 느끼려면
활짝 피어오른 싱싱한 꽃보다는
벌 나비 날아들지 않는
시들어 가는 꽃을 보라.
꽃이 저문다는 것은
농익은 열매를 맺기 위한 것이다.
수평선 끝자락 서녘의 노을빛도
낮의 햇살이 잘 익어 빚은 것이다.
저무는 것들은 모두
무언의 자세로 곰삭아 가는 것이다.

시인이여

명예를 버리고 권력을 취하지 마라.
시의 언어로 불의를 꾸짖고
시적인 영혼으로 정의를 울부짖어라
세상의 눈이 이해하지 못하고
가없는 비난이 쏟아져도
늠연히 맞서서 만세의 목탁이 되고
길 잃은 양을 인도하는 축복의 사제가 되어라
강한 자의 곁에 서지 말고
약한 자와 함께 걷는 시인이 되어라.
총칼 끝에 죽음의 그림자가 매달리고
시인의 혼이 찢기며 쫓기어도
그대여! 맨발 맨손으로 뛰어나가
가슴을 열고 뜨겁게 껴안아라.
부정과 악의 고통에 시달린 자에게
한 줌 햇살을 건네주고
그리하여, 자유의 광장엔
억압과 절망을 넘어선
환희와 희망의 촛불을 켜라.

풍경 風磬

허공에 매달려
고요 한 잎 물고 있다.
바람이 분다.
고요가 깨어나며
소리 꽃을 피운다.
바람을 맞이할 생각도 없었고
바람 또한 스칠 생각이 없었는데.

한 톨의 신비

한 톨의 생명은 농부의 새벽이 낳은 자식이다.
쌀독에서 한 톨의 생명을 꺼낸다.
조심스럽게 집어 들어 자세히 살펴본다.
얼마나 많은 부딪침 속에서 깨우침을 얻어야
온몸이 하얀 천의무봉의 완전체가 될 수 있을까.
또한, 저토록 작고 낮은 수행자의 자태가 될 수 있을까.
자그마한 품에 수많은 것들을 껴안으면서
농심으로 굳게 영글기까지, 잘 여문 한 톨
그 누구도 침탈할 수 없는 신성한 세계를 헤아려 본다.
어둑새벽이 논의 허리를 동여매어 걸어오고
산그리메가 밭의 끝자락을 휘감고 내려온다.
태풍과 먹구름이 밀려오고 천둥소리가 들린다.
갓밝이 새벽, 쟁기질하는 소의 숨소리가 가쁘다
워낭소리와 거칠고 옹이 진 농부의 손끝에서
이삭은 한낮 산들바람의 옷깃을 여미며 농익어 간다
아버지의 아버지, 그의 아버지로 이어진
닳고 닳은 낫이 벼의 아랫도리를 후려친다.
씨눈에는 하늘과 땅이, 공기와 물이 담겨있다.
더딘 시간 속에 몽오리 진 한 톨의 신비
하나인 그 안에 수많은 세계가 담겨 있고
그 세계 안에 농부의 씨앗이 심겨있다.

삼강체三江體로 쓴 외상장부

정지문을 열면 연기에 그을린 벽지에는
누구도 해독할 수 없는 삼강체의 상형 문자가 그려져 있고
노 젓던 사공의 슬픈 가락과 보부상 총총걸음의 외상값이
지우고 다시 쓴 가느다란 칼끝의 필획으로 쓰여있다.
연기에 그을린 정기의 벽에는
주전자 연적의 텁텁한 물을 뚝배기 벼루에 붓고
소금 장수 짭조름한 땀의 먹으로 갈아 쓴 외상장부가
농담의 붓으로 괴발개발 갈겨져 있다.
시끌벅적한 삼강주막에서
고단했던 그들이 하루를 안주 삼아 피로를 마실 때
늙마의 주모는 비워지는 주전자의 개수를 벽에 새긴다.
칼끝 붓으로 휘갈긴 갈필의 메마른 삶일지라도
자오록한 연기에 그을린 먹빛 정지에서는
삼강체라는 주모만의 서체를 쓸 수 있다는 것을 알기에
앞치마처럼 구겨져 힘들고 고된 하루지만
그만의 운필력으로 붓을 잡고 보리문장을 쓴다.
허리가 아픈 늙은 주막의 정지문도 눕지 않고
연기 또한 벽에 쓰인 서체만큼은 그을리지 않는다.
그을린 벽의 비밀 노트에 쓴 삼강체는
애옥살이하는 주모만의 문자와 그림이고 기도이며
사그라지지 않는 불빛 희망이고, 순수의 낙관이다.

*삼강체(三江體): 삼강주막의 주모가 부엌 벽에 표시한 외상장부.

시의 밭

아내는 묵정밭을 일구어 시심을 뿌려 놓았다.
햇볕 머금은 열매에서 시상을 따고
빗소리를 끌어안은 뿌리에서 주제를 캔다.
허술한 밭두둑의 행은 호미로 북돋우고
철 지나 시든 곁가지의 시구와
누렇게 된 잎의 시어는 잘라버리면서
불필요한 수식어는 꽃잎일지라도 따낸다.
벌레들이 잎사귀에 뚫어 놓은 자음의 구멍과
새들이 꽃다지에 쪼아놓은 모음의 흠집들은
떼 내고 다듬으면서 시 밭에 자란 문장을 다듬는다.
떨어뜨린 밭작물의 행간에서 의미를 다잡으며
참신한 시어와 새로운 시구의 알곡들을 줍는다.
때론, 설익은 품사의 꼭지들은 꺾어 버리고
주렁주렁 매단 열매의 단어들은 솎아주면서
갈마드는 퇴고를 하며 한 톨의 시를 수확한다.
각양각색이 상징이고 비유인 시의 밭, 그곳에서
아내의 손발 펜으로 쓴 됨새 좋은 시의 이삭들,
농심이 진솔하면 열매 또한 잘 여물 듯
웃음꽃 핀 표정으로 손안에 움켜쥔
농익은 시 한 다발.

도시 풍경

한겨울의 강물처럼
시린 얼굴들이 도심을 흐르고 있다
물고기는 무리 지어 이웃하고
새들은 떼를 지어 길을 찾는데
북적대며 걷는 저들의 표정엔
말이음표 하나 없고
휘청걸음에 말줄임표만 실려 있다.

카페의 유리창 밖
바람이 바람에 실려 날고
비가 비를 맞고 있는 풍경들 사이로
조울증 걸린 모습들이
내일을 잃어버린 듯
외롭게 외로움을 타고 있다
사람이 없어서 외로운 것이 아니라
소통이 없어서이다.
그곳이 사막이다.

안개는 안갯속에서 피어오르고
눈은 눈 위에 쌓이듯
언어는 언어끼리 소통해야 하는데
회색빛 언어의 강물은
꽁꽁 얼어붙었다.

정년 퇴임

새벽을 깨워 신고 현관문을 나서야 할
그 시간이 멈춘 날 이후부터
가끔 내가 실종되어 텅 빈 느낌이 드는 때가 있다.
몇십 년 발걸음의 시간이 정지된 순간부터
신분 잃은 신원 미상자가 되어
익숙한 시선들이 낯섦으로 다가온다.
그 낯선 느낌은 익숙함이 낳은 배반일 것이다.
애써 태연한 척하지만, 두려움이 엄습해 온 것은 왜일까
일상의 감정이 메마를 때 혼자라는 생각이 들면서
얼마 전의 내가 얼마 동안 없는 듯한 느낌이 든다.
습관의 길을 잃고 그 앞에 습관적으로 멈춰 선다는 것은
자기 상실과 동일선상에 놓인다는 것이다.
그래서일까 눈에 보이지 않고 손에 잡히지 않는
나 아닌 내가 되어가기도 한다.
더 이상 힘써야 할 손을 놓아 버릴 때
생각 밖의 생각들이 스멀스멀 스밀 때
불현듯 자폐적인 현재가 되어가며 초라해진다.
그토록 함께했던 새벽의 알람 소리가
수취인 불명의 메아리로 들린다.

존재의 빛

등대의 가슴은 타오르는 불빛이다.
눈빛은 반짝이고 심장은 깜빡인다.
부르튼 피부는 염분의 상처이고
풍랑의 세월을 머금은 거친 낯빛은
방향 잃은 어부에게는 희망의 이정표이고
바다의 고독으로 일렁이는 거친 파도와
어둠 속의 뱃머리를 밝히는 등불이다.
등대는, 거친 지문의 손결로 비릿한 바람을 쥐고
깊게 박힌 발등은 석화의 나막신을 신고 있다.
그리고, 칠흑의 밤바다를
홀로 외로이 반짝이는 혼의 눈빛과 빛깔로
어둠을 빚어 좌표의 뱃길을 밝힌다.
귀는 수평선 너머에서 불어오는 바람의 키를 재고
눈은 먹구름 속 비의 부피를 가늠한다.
위대한 것은 늘 제자리에 있는 것일까.
기다림의 망부석이 되어 깜박이는 빛은
무인도가 외로움을 외로움으로 달래듯
어둠의 어둠을 살라 불을 밝히며
거친 바다의 치맛자락 끝에서 깜박인다.
깜박임, 그것은 생명의 빛이다.

하늘길을 날다

어디까지 올라야 하늘 끝에 오를 수 있을까.
얼마를 더 날아야 신세계를 만날 수 있을까.
나를 잊고 또 다른 나를 찾고 싶을 때
하나의 세계를 새롭게 만나고 싶을 때
보다, 높고 넓은 곳을 나는 새의 날갯죽지에 얹혀
공기의 옷을 입은 천사처럼 날아보는 것이다.
날 수 없으면 닿을 수 없는 하늘 길, 날개 없는 자의
날갯짓만이 더 높이 오를 수 있는 것이다.
구름 가녘에 흐르는 천리天理 한 자락 휘감는 것이다.
내 안에 내가 있어 볼 수 없는 일상을 벗어던지고
나는 새의 시선으로 하늘의 속살을 들여다보며
보이는 것 너머의 보이지 않는 세계를 만나는 것이다.
가끔, 온몸에 들끓는 치열한 경쟁을 뒤로하고
하늘빛 날갯짓으로 더 멀리 더 높이 날아올라
미래의 보랏빛 꿈을 꾸어보는 것이다.
까마득한 아래 세상의 머리 위를 날면서
내 안의 나를 깨고 밖으로 빠져나와
달라진 세계에서 나 아닌 나를 발견하는 것이다.
그 순간, 더 나은 삶을 열어 준 하늘길 여행은
잠근 단추 풀어 헤치고 희망의 끈을 동여매면서
내가 몰랐던 또 다른 나와 두 손 맞잡고
생각지 못한 생각 한 움큼 안고 돌아오는 것이다.

별이 지다

골목선船이 침몰했다
비좁은 해협을 항해하다
지상의 별들이 해저의 심연으로 가라앉았다
삐쭉삐쭉 나온 불법의 어뢰들이 해로를 가로막았고
밀려든 파도와 물결의 무게는 그들을 짓눌렀다
반짝거려야 할 빛은 흔적 없이 수장되어
어둠을 밝힐 별들과 별들의 별빛이 사라졌다.
몰아치는 파도에 그들은 해안의 절벽에 부딪혔고
맴돌이 해류에 휩쓸린 일엽편주가 되어
사납게 놀치는 골목의 해협에서 자취를 감췄다.
해수면에 떠도는 부유물은 가족의 안부로 떠돌았고
거센 풍랑에 찢긴 신발은 갈 곳을 잃고 표류했다.

사방을 봐도 항로가 막혀버린 아포리아의 절망 앞에
해미의 항해 속 죽살이의 경계를 넘나들며
후밋길 해로에서 무적霧笛을 울렸고
이물과 고물에서 조난의 구조신호를 보냈다.
그러나 이해할 수 없이 태평스러운 원님들인
선장과 항해사 기관사, 그들의 무사안일함은
사박스러운 삼각파도가 되어
그토록 갓맑고 영롱한 별빛을 살랐다.
난파선이 된 골목선船의 별들,
그들이 지고 세월이 가도 별들은 여전히 빛날 것이고
꿈쟁이들의 별빛은 불온의 용오름으로 솟구칠 것이다.

*이태원 참사 희생자의 넋을 기리며

홍영수 시집해설

삶이 투영된 '생명'의 시학

전 해 수 (문학평론가)

홍영수 시인의 두 번째 시집 『지구의 유언장』은 인간이 온전히 함께 살아가야 할, 이 땅 위 생명들의 '생존'을 탐구하는 시편들로 이루어져 있다. 즉 총 6부로 구성된 이번 시집을 한마디로 말한다면, 자아와 세계에 관한 인식이 환경 위기, 생명 시학, 존재 탐구 등 삶을 구성하는 주된 양상을 통해 다양한 시적 스펙트럼으로 엿본 시집이라 할 수 있겠다.

이를테면, 1부의 시편들은 전숲지구적 생활태生活態인 환경의 위기를 숙고한 시들로 구성되어 있는데, 자연을 함부로 대하는 인간에 의해 훼손된 육지, 바다, 강을 바라보며 지구를 "암세포가 전이된 /말기 암"(「수의를 입은 강」에서)의 모습으로 진단하면서 이에 당면한 '지구의 위기'를 직간접적으로 밀도 있게 표출한다. 또한 2부의 시편에서는 작고 큰 미물을 살피고 보듬는 불교적인 성찰을 대입하여, 상처 입은 존재를 위무하고자 하는 '생명성'의 회복을 다룬 시편을 다수 선보이고 있다.

아울러 3부의 시들은 분단과 지역 간의 갈등을 다루되, 무겁지 않은 터치로 그려내면서 오랜 역사적 시간을 경유한 세계 안의 존재인 '나'를 재발견하고자 한다. 4부의 시편들은 삶의 인연들에 귀 기울이면서 "수직의 삶"(이하 「수직의 삶」에서)으로 규정되는 인간의 생이 "줄 하나에 중심을 잡"아야 할 위태로운 상태와 다르지 않음을 성찰하고 있다. 또한 5부의 시편에서는 아련한 아픔으로 회고되는 과거 시간을 불러들여, 어머니, 아버지 등 사랑하는 이들의 비가悲歌를 회한 섞인 목소리로 들려준다. 이번 시집은 인간과 마찬가지로 지구인이라 해도 다를 것이 없는 전지구적 '생명들'을 향한 참담한 위기의식을 환기하면서, 이른바 유한한 존재의 생명성을 되새기게 하는 6부의 시편들로 점점이 이어지고 있으며, 세월호 사건과 이태원 참사를 다룬 시편을 함께 실어 안타깝게 스러져간 존재의 빛을 결코 지우지 않으려 하는, 시인만의 특별한 시 의식을 엿보게 한다.

삐딱하게 기울어진 내 몸은 바이러스들의 안식처다.
난 지금 악성종양에 시달리고 있다.
온몸이 뜨겁게 달아올라 체온의 한계치를 넘어섰고
불량한 세균들의 감염으로 앓아누운 지 오래다.
팔십억 기생충들의 분별없는 불쏘시개 난동으로
푸르고 둥근 낯빛이 피부병과 상처를 입고 있다.
평생, 삐딱할지언정 안정된 자세로 돌고 도는 내가
언제부터 몸 자체가 병 덩이가 되어 돌고 있다.

전문의가 없어 골골한 병듦으로 살아가기에
전이된 말기 암의 종양을 껴안고 휘청이며 돌고 있다.
박테리아들이 뿜어낸 탄소의 입김과
임계점에 다다른 온실가스의 배출에
점점 숨통이 조여지며 질식사 직전이다.
남북극에서 줄줄 흐르는 천만년의 눈물을 보니
몇십억 년 내 삶의 유효기간도 머지않은 듯하고
갈수록 심한 균들의 난동질에 돌연변이가 되어가니
사망선고의 날짜가 눈앞에 어른거린다.
이젠 뜨거운 빛의 펜으로 유언장을 써야 할 때인가 싶다.
그 후로는 영원한 침묵 속 백뱅의 기다림만 있을 뿐,
나의 죽음 앞엔 조문객이 없을 것이다.
너와 내가 함께하는 장례식이기 때문에.

- 「지구의 유언장」전문

먼저, 시집의 표제작인 시 「지구의 유언장」은 이번 시집을 통해 홍영수 시인이 가장 힘주어 말하고자 하는 환경 문제를 잘 드러내고 있는 대표적인 시이다. 위 시에서 시인은 인간의 오만과 병폐와 위선적인 면을 주지하면서, "바이러스의 안식처"가 된 내 몸(지구)의 원인과 "악성종양"에 상처 입은 몸(지구)의 결과를 직시하고 있다. 그것은 병들어 가는 지구가 "유효기간"을 무시한 인간에게 남긴 최후의 "유언장"으로써 명시된다.

위 시에서 시인이 구사하는 시어들은 매우 직접적이고 직관적인데, 예컨대 바이러스, 종양, 말기 암, 기생충, 박테리아, 장례식 등 최극단의 고통이 뒤따르는 죽음에 내몰린 지구의 모습을 충격적으로 현현하되, 병을 야기한 원인을 밝혀내려는 듯 환경오염으로 인해 지구가 병들어가는 상황을 구체적으로 부기한다. 즉 이러한 직접적인 시어들을 사용하여, 강한 위기감을 표출한다.

돌이켜보면, 2019년에 코로나19(COVID19)로 지구는 예기치 않은 전염병을 앓았으며, 국가 봉쇄를 겪는 등 참담한 상황을 겪은 바 있다. 위기에 봉착한 지구의 모습이 실로 변화된 환경에 대한 경고에 머물지 않고, 급박한 환경 개선의 문제를 촉구하기에 이른다. 시인이 위 시에서 "삐딱하게 기울어진" 몸의 경고를 전면으로 안으려 한 점 또한 이러한 다급한 위기감을 적극 반영한 것이기도 하다. 언제부턴가 몸 자체가 '암'을 안고 사는 병덩어리가 되어 '유언장'을 써야만 하는 시기가 곧 도래한다면, 모두의 "죽음"엔 "조문객도 없으"며, 우리 모두가 일거에 사라질 "장례식"만 남을 것이라는, 매우 위협적인 경고에 직면했으니 이는 마침내 지구 종말의 공포감으로 다가온다.

주지하듯 위 시 「지구의 유언장」은 "나"로 의인화되어 표출된 '지구'가 절망적으로 회상한, "몇십 억 년"의 일생을, '오염된 지구'의 유언을 통해 발설되는, 일명 지구가 남기는 '마지막 경고장'과 다르지 않다. 정작 "죽음"

앞에 선 "나"(지구)는 "온몸이 뜨겁게 달아올라 체온의 한계치를 (이미) 넘어섰고/ 불량한 세균들의 감염으로 앓아누운 지 오래"인 상태인 것.

 이른바 "사망선고"를 받은 듯 마지막 유언을 토로하는 지구의 각혈 같은 유언장이, 위 시를 통해 선명하게 드러나고 있다. 「지구의 유언장」은 지구가 전하는 마지막 경고로 위험 신호를 보내는, 홍영수 시인이 가차 없이 누설하는 환경 위기의 국면이라 할 수 있다.

　난, 너무 가벼워 값싼 인생이지
　그들의 욕망을 가득 채워줄 때는 축복이지만
　용도폐기 되어 쓸모없을 땐 저주가 되는 거야.
　길거리와 쓰레기통에 버려지고 바다에 떠돌며
　잡것들과 맨살 맨몸 버무려 통정하듯 어울리지.
　시간의 켜가 쌓이면 다른 친구들은 흔적을 감추는데
　가벼운 알몸과 딱딱한 관절의 나는 빛바래 가며
　죽은 듯 살아서 가루와 알갱이로 떠돌아다니지.
　그런 나를 호흡한 은빛 아가미들은
　휘청 비틀 하얀 뱃살을 뒤집어 둥둥 띄우고
　만장의 깃발처럼 나부끼며 저승길로 가더군
　난, 미안한 마음에 스스로 절망에 중독되어 가면서
　무한한 삶의 기회를 준 누군가를 생각해 보았지.
　모양과 성별 구별 없이 낳아 내팽개친 자들 말이야.
　돌고 돌아 숙명처럼 그들의 뱃속에 안기었지

왜 그런지 시간이 흐를수록 그들은,
두려움과 아픈 포만감의 나락으로 빠져들더군.
이젠, 잔인한 공포의 효도를 해야 할 운명인가 봐.
변치 않고 죽지 않게 태어나
부패도 썩지도 않은 내가 말이야.

― 「플라스틱의 독백」전문

위 시 「플라스틱의 독백」을 비롯하여 시집 1부의 시편들은 이처럼 대부분 '나'로 의인화擬人化된 시적 화자가 등장한다. 위 시는 "플라스틱"이 자신의 처지를 비판적으로 고백하면서, 아울러 이를 관조하는 태도를 함께 취하고 있다. 자조 섞인 태도의 시적 화자인 "플라스틱"은 결국 환경오염의 주범으로 '특정'된다. 썩지 않는 몸으로 태어나 함부로 버려지는 "너무 가벼워 값싼 인생"이 바로 "나" 즉 '플라스틱'인 것이다. 그런데 화자 "플라스틱"은 용도 폐기되어 쓸모가 없는 데도 여즉 "죽은 듯 살아서, 가루와 알갱이로 떠돌아 다니"는 시쳇말로 눈엣가시 같은 존재와 다름이 아님을 스스로 인식하고 있는 것이다.

플라스틱처럼 섞지 않는 존재의 숙명은 생명이 죽어서 마침내 사라진다는 이같이 터무니없는 존재의 역설과도 어긋나게 만나면서, 종국에 플라스틱은 이러한 운명을 거스르는 대상으로 다시 주목된다. 이를테면 "길거리와 쓰레기통에 버려지고 바다에 떠돌며/ 잡것들과 맨살 맨몸 버무려 통정하듯 어울"리는 운명을 맞닥뜨린, 함부로 살다가 함부로 버려지고도 마침내는 썩지도 않는, 이 플라스틱의 기막힌 운명에 '두려움'마저 무서운 공포로서 환기되고 있다.

홍영수 시인은 환경의 위기에 대한 비판적인 태도를 시상詩想을 통해 담담히 펼쳐 나가되, 의인화된 시적 화자(플라스틱)를 내세워 파괴된 환경에 대한 적극적인 고발과 아울러 곧 도래하는 환경의 변화를 극도의 공포에 달하는 상황으로 점층적으로 표출해 낸다. 결국 플라스틱이라는 시적 화자를 통해 시인이 말하고자 한 바는 "스스로 절망에 중독되어 가면"서 느끼는 "두려움과 아픈 포만감의 나락"을 보여줌과 동시에 "부패도 썩지도 않는" 존재의 재앙을 다시금 확인하는 것이기도 하다.

분리수거함 한쪽, 폐지가 쌓여있다.
찢기고 구겨진 다양한 책들과 수험서들이
쓰임에서 쓰임을 잃은 채 널브러져 누워있다.
그림책의 소꿉놀이는 어린이의 입학을 축하하고
펄펄 끓는 요리책의 냄비는 식탁의 입맛이 궁금하다.
학기가 바뀐 참고서는 성적을 걱정하면서
답안지를 훑으며 정답을 체크한다.
급수에 따라 다른 난이도의 수험서들은
합격의 소식을 기다리면서
밑줄의 상처를 책갈피에 끼고 기도하고 있다.

비바람에 젖은 시집은 죽은 은유를 껴안고
바람서리에 동화책 속 어린이는 독감으로 기침한다.
철학은 주민의 발걸음에 짓밟힌 지혜를 아파하고
냉대와 홀대를 오가는 지식과 교양들이
칼날에 찢길 미래를 안고 있다.
아, 너무 인간적이지 않다.
난, 인간적이지 않은 인간을 넘어서려고
지우지 않는 연민과 관심으로
허리 구부려 버려진 활자를 다문다문 줍는다

- 「인간적이지 않다」전문

  위 시를 통해 시인이 고민하고 있는 것처럼 인간적이지 않은 것, 혹은 인간적인 것의 기준은 과연 무엇일까. 위 시는 "인간적이지 않"음을 들여다보면서 오히려 매우 '인간적인 것'을 재확인하고자 한다.

  바로 위 시에서 시인이 "인간적이지 않다"는 것을 포착한 의미는 '인간이 해서는 안되는' 어떤 것을 되묻는 것이기도 하다. 즉 분리수거함 한쪽에 버려진 활자(이를테면 책이나 여타의 종이 기록물 등)를 통해 시인이 우리에게 깨닫기를 바라는 것은 인간에 대한 혹은 인간적인 것에 대한 "연민"과 "관심"으로 집약되는 것들이 아닐지 모른다. 시인은 오히려 냉대와 홀대로 짓밟힌 함부로 버려진 분리수거함을 다시 들여다보는 일로부터 인간적인 면모를 찾으려 한다. 그리하여 무릇 버려진다는 것은, 어쩌면 버려서는 안되는 것들을 따로 모아 버릴 것만 버릴 줄 안다는 것을 적극적으로 해명하고 실천하는 일로부터 출발하는 것일 터이다. 그것은 분별하는 삶 즉 분별하여 지구의 훼손을 더 이상 방관하지 않는 '관심' 그리고 망가진 우리 주변을 다시금 고치고 치유하는 지구에 대한 최소한의 '연민'의 감정을 불러일으켜 발견되는, 어떤 '위기감'이기도 하다.

    높이를 알 수 없는 절벽에서
    흔들리는 줄 하나에서 중심을 잡으며
    이승과 저승의 이음줄에 매달려 줄타기한다.
    아슬아슬한 삶이 떨어질 듯 위태롭다.
    허공의 몸으로 지상의 양식을 구하고
    몸속에 흐르는 삶을 챙겨야 하기에
    버팀목인 줄을 자신의 몸에서 꺼내야 한다.
    간당간당한 달비계에 앉아 씁쓸한 허공을 마시고
    생명 줄의 갈피에 짙은 고독의 삶이 흔들릴 때
    마주하는 직벽을 한 계단 한층 내려간다.
    층층의 벽과 두터운 세월의 켜를 닦는 것은
    생존신고서에 서약하는 것이다.
    절벽의 벽을 마주하면 모든 것이 벽이 된다.
    생사의 경계에 선 절체절명의 순간에도
    시난고난한 절벽 같은 시간들이 벽에 흐를 때는
    흔들리는 긴 줄이 허영 없는 빛으로 번뜩인다.

제 몸에 꼬인 줄을 휘감고
끊어질 듯 한 정신 줄을 간신히 붙잡고서
수직과 수평의 길을 걸어본 사람은
굶주린 영혼의 양식을 구할 수 있다.

- 「수직의 삶」전문

위 시를 통해 삶은 과연 수평적인가 아니면 수직적인가를 질문해 보게 된다. 그런데 위 시 「수직의 삶」에 따르면, 우리가 처한 삶은 "높이를 알 수 없는 절벽에서/ 흔들리는 줄 하나에 중심을 잡으며/ 이승과 저승의 이음줄에 매달려 줄타기"를 하는 것과 다르지 않다는 것이다. 절벽은 줄이 드리워져 있지만, 그 줄이 흔들리는 줄이란 점에서 삶의 위태로움은 어떠한 경우에서도 줄어들지 않는다는 것을 알 수 있다.

한낱 줄이 "위태로운 줄 허영 없는 빛으로 번뜩 일" 때 이 생명 줄은 매양 "정신 줄"이기도 하다. 시인은 이렇게 단언한다. "끊어질 듯한 정신 줄을 간신히 붙잡고/ 수직과 수평의 길을 걸어본 사람은/ 굶주린 영혼의 양식을 구할 수 있다"고. 그러므로 시인에게 위태로운 지구의 삶에서 한 줄 구원의 손길은, 바로 '영혼'의 소생에 가 닿을 매우 소중한 손길인 것이다.

얼굴 없는 얼굴이 사립문을 연다.
함께 거닐었던 마당엔 티 없는 발자국 여전한데
자국마다 밟히는 머~언 그리움에
보고파 타는 마음 애간장 끓으면서
돌담 모퉁이에 정정히 서 있는 감나무 앞에
두 손 모아 무릎 꿇고 눈시울을 적십니다.
어찌할까나, 시름겨워 잠 못 든 이 서러움을
아련한 앞마당을 밤바람이 쓸어 가는데
홀로 뜬 외로운 달이 어둡게만 보이고
애타게 보고픈 언저리에 어린 시절 띄워보니
사무치는 모정의 따스한 손길이 온몸을 감쌉니다.
체념하듯 다잡아도 흔들리는 나의 자세
애달픈 정한은 뜰 안에 가득한데
아! 차라리, 차라리 비우고 빈 가슴이어라.
어디에도 없으면서 어느 때고 옆에 계신
수북수북 내 품에 안긴 꿈같은 꿈 한 자락은
가늠 수 없는 망각의 여백을 휘감아 두릅니다.
그리움의 그리움을 한 올 한 올 엮을 때마다
발걸음의 걸음으로 한 발 두 발 오신 어머니
그 이름만큼 서러운 눈물은 없습니다.

- 「어찌할까나」전문

   그리하여 마침내 시인이 "그리움의 그리움"으로 눈물이 맺히는 것은, "어머니"로 이름 불리는 가없는 영혼의 대상에 의해서 다시 소환된다. 어린 시절을 "따스한 손길"로 품은 화자의 어머니는 세상이 던진 위태로움에 체념하거나 흔들릴 때에도 변함없이 "꿈 한 자락"으로 오시는 '그리움' 그 자체로서 인식된다. 어쩌면 세상의 병폐보다 시인을 더욱 흔드는 존재는 '어머니'일지도 모른다. 서러운 눈물이 고였다가 다시 비우고 빈 가슴으로 남는, 결핍의 정서 바탕에는 시인이 시인으로 살게끔 하는 '생명'의 '어머니'가 존재하고 있는 것이다.

    한강 다리 한가운데
    숨구멍처럼 갈라진 틈새에 들꽃들이 자란다.
    강변로와 올림픽로를 넘나들지 않고
    티끌 먼지 뒤집어쓴 채 남루한 모습으로
    더럽혀진 땟자국을 안고 아스팔트 틈바구니에 산다
    갈증 난 몸뚱이는 이슬방울로 적시고
    얼룩덜룩 멍울진 꽃잎은
    햇귀의 손짓에 하늘거리며 웃음 짓는다.
    누구의 손길, 눈길 바라지 않는다
    연민의 눈짓엔 꽃봉오리를 숙이고
    관심의 손짓엔 꽃잎을 접는다.
    들꽃의 삶은 얼룩진 웅얼거림이다
    각다귀판의 강남, 강북 사이에 낀 존재가 되어
    발길에 차이고, 바퀴에 짓밟혀도
    절망 없는 희망의 지평선을 바라본다.
    나를 바라본 네가 낮춰 나의 웃음꽃을 피우고

너를 향하는 내가 굽혀 너의 꽃눈개비를 내리게 한다.
네 곁에 내가 서서 너를 꼭 보듬어주고
내 앞엔 네가 앉아 나의 손 잡아줄 때
한 줌 향기, 한강을 오가는 길손의 옷깃에 스미며
비좁은 틈새로 서울 하늘이 포개진다.
틈새에 핀 들꽃, 삶의 방식은
경계를 지운 것이다.

－「경계를 지우다」전문

   생활과 문학의 경계는 어떠한가. 홍영수 시인에게 생활은 곧 시가 된다. 시와 다르지 않은 대상 즉 그 존재가, 바로 우리 주변의 '생명'들이기 때문에 시인은 생활이 곧 문학으로서 작동하게 된다.

   위 시에서 "경계"는 다양한 각도로 읽힌다. 직접적인 표현으로는 "들꽃"이 마주한 "한강"과 "한강 다리" 사이, 그리고 나아가 "강남"과 "강북 사이"의 경계가 되기도 하고, "나"를 바라본 "네"가 혹은 "너"를 향한 "내"가 마주한 마음의 경계이기도 할 터이지만, 시인은 이러한 경계를 지우는 과정을 통해, 모든 대상들의 "하늘"이 같은 하늘로 포개지는 것이라고, 깨닫는다. 이같이 경계를 지움으로써 시인이 처한 삶의 방식은 모두 한 자리에 서는 것이라고, 모든 '생명'은 결코 다르지 않은 존재들인 것이라고, 시인은 나직하지만 힘주어 말하고 있는 것이다.

명예를 버리고 권력을 취하지 마라.

시의 언어로 불의를 꾸짖고

시적인 영혼으로 정의를 울부짖어라

세상의 눈이 이해하지 못하고

가없는 비난이 쏟아져도

늠연히 맞서서 만세의 목탁이 되고

길 잃은 양을 인도하는 축복의 사제가 되어라

강한 자의 곁에 서지 말고

약한 자와 함께 걷는 시인이 되어라.

총칼 끝에 죽음의 그림자가 매달리고

시인의 혼이 찢기며 쫓기어도

그대여! 맨발 맨손으로 뛰어나가

가슴을 열고 뜨겁게 껴안아라.

부정과 악의 고통에 시달린 자에게

한 줌 햇살을 건네주고

그리하여, 자유의 광장엔

억압과 절망을 넘어선

환희와 희망의 촛불을 켜라.

― 「시인이여」전문

홍영수 시인이 바라보는 시의 상象과 시인의 이상이 위 시에서 밝혀진다. 시인은 시의 모두冒頭에서 강한 어조로 "―지 마라"고 서슴없이 선언서를 내밀면서, 구체적으로는 "명예를 버리고 권력을 취하지 마라" 힘주어

단언한다. 또한 "강한 자의 곁에 서지 말" 것을 강하게 요구하고 있다.

요컨대 홍영수 시인은 "시의 언어로 불의를 꾸짖"고, "시적인 영혼으로 정의"를 구하고, 비난에 맞서는 "만세의 목탁"이 되어야 하며, "길잃은 양을 인도하는 축복의 사제"가 될 것이며, "부정과 악의 고통에서" "햇살"을 건네 줄 이가 "시인"일 것을 요청한다.

이제 홍영수 시인이 이번 시집 『지구의 유언장』을 상재하면서 스스로 참 시인이 되기를 진정 청하며, 올곧은 시인으로 태어날 차비差備를, 이젠 마친 듯하다. 이번 시집의 의미 있는 시제詩題인 "유언장"으로 다시 태어난 이 시편들은, 그러므로 시인이 얼마나 참된 생존에 애를 태우는지, 얼마나 참 존재의 생명성에 애정 어린 시선을 던지고 있는지를, 잘 보여주고 있다.

지구의 유언장

초판 1쇄 인쇄 2025년 11월 25일
초판 1쇄 발행 2025년 12월 01일

지은이	홍영수
펴낸이	전승선
판형	130×221
펴낸곳	자연과인문
페이지	130
분야	시
출판등록	제300-2007-172호
주소	서울 강남구 영동대로 602, 6층 A76 (삼성동, 삼성동 미켈란107)
전화	02)735-0407
팩스	02)6455-6488
홈페이지	http://www.jibook.net
이메일	jibooks@naver.com

ⓒ 2025 홍영수

ISBN 979-11-86162-83-5 03810
값 20,000원

※ 이 책은 저작권법에 따라 보호를 받는 저작물이므로 무단복제와 무단전재를 금하며 이 책 내용의 전부 또는 일부를 이용하려면 반드시 저작권자와 자연과인문의 서면동의를 받아야 함.